Philipp Bartholomä

Die Petrusbriefe

Leben in einer nicht christlichen Gesellschaft

BRUNNEN
Verlag GmbH · Giessen

Wenn Sie über den Autor mehr erfahren möchten, schauen Sie sich doch einmal das Video an: https://youtu.be/RDnTJWbbclY

Konzeption und Text: Philipp Bartholomä
Lektorat: Susanne Baum

Umschlagmotiv: Adobe Stock
Umschlaggestaltung: Annika Mengel
Satz: Uhl + Massopust, Aalen
Herstellung: BasseDruck GmbH, Hagen
ISBN 978-3-7655-0778-6

www.brunnen-verlag.de

Inhalt

Verzeichnis der Abkürzungen

Altes Testament

1 Mo	Das erste Buch Mose
2 Mo	Das zweite Buch Mose
3 Mo	Das dritte Buch Mose
4 Mo	Das vierte Buch Mose
5 Mo	Das fünfte Buch Mose
Jos	Das Buch Josua
Ri	Das Buch über die Richter
Ruth	Das Buch Ruth
1 Sam	Das erste Buch Samuel
2 Sam	Das zweite Buch Samuel
1 Kön	Das erste Buch über die Könige
2 Kön	Das zweite Buch über die Könige
1 Chr	Das erste Buch der Chronik
2 Chr	Das zweite Buch der Chronik
Esra	Das Buch Esra
Neh	Das Buch Nehemia
Est	Das Buch Esther
Hiob	Das Buch Hiob
Ps	Die Psalmen
Spr	Die Sammlung der Sprüche
Pred	Der Prediger Salomo
Hld	Das Hohelied
Jes	Der Prophet Jesaja
Jer	Der Prophet Jeremia
Klgl	Die Klagelieder
Hes	Der Prophet Hesekiel
Dan	Der Prophet Daniel
Hos	Der Prophet Hosea
Joel	Der Prophet Joel
Am	Der Prophet Amos
Ob	Der Prophet Obadja
Jona	Der Prophet Jona
Mi	Der Prophet Micha
Nah	Der Prophet Nahum
Hab	Der Prophet Habakuk
Zef	Der Prophet Zefanja
Hag	Der Prophet Haggai
Sach	Der Prophet Sacharja
Mal	Der Prophet Maleachi

Neues Testament

Mt	Das Evangelium nach Matthäus
Mk	Das Evangelium nach Markus
Lk	Das Evangelium nach Lukas
Joh	Das Evangelium nach Johannes
Apg	Die Apostelgeschichte
Röm	Der Brief des Paulus an die Christen in Rom
1 Kor	Der erste Brief des Paulus an die Christen in Korinth
2 Kor	Der zweite Brief des Paulus an die Christen in Korinth
Gal	Der Brief des Paulus an die Christen in Galatien
Eph	Der Brief des Paulus an die Christen in Ephesus
Phil	Der Brief des Paulus an die Christen in Philippi
Kol	Der Brief des Paulus an die Christen in Kolossä
1 Thess	Der erste Brief des Paulus an die Christen in Thessalonich
2 Thess	Der zweite Brief des Paulus an die Christen in Thessalonich
1 Tim	Der erste Brief des Paulus an Timotheus
2 Tim	Der zweite Brief des Paulus an Timotheus
Tit	Der Brief des Paulus an Titus
Phlm	Der Brief des Paulus an Philemon
Hebr	Der Brief an die Hebräer
Jak	Der Brief des Jakobus
1 Petr	Der erste Brief des Petrus
2 Petr	Der zweite Brief des Petrus
1 Joh	Der erste Brief des Johannes
2 Joh	Der zweite Brief des Johannes
3 Joh	Der dritte Brief des Johannes
Jud	Der Brief des Judas
Offb	Die Offenbarung an Johannes

Fragen zu diesem Kurs

Zielsetzung

1. **Worum geht es in diesem Kurs?** Um drei Ziele, die alle wichtig sind:

a. Nahrung für die Seele. – „Der Mensch lebt nicht vom Brot allein, sondern von dem Wort, das Gott spricht." In seinem Wort stellt Gott sich uns vor. Hier können wir ihn kennenlernen. Wer mehr über Gott und den christlichen Glauben erfahren will, muss sich mit der Bibel beschäftigen. Wer als Christ im Glauben wachsen will, muss sich aus dem Wort Gottes „ernähren".

b. Gemeinschaft. – Im Gespräch über Glaubensfragen und Lebenserfahrungen kommen wir einander näher und können zu einer Gemeinschaft zusammenwachsen, in der man sich im Alltag und im Glauben gegenseitig trägt und unterstützt.

c. Wachstum. – Dieser Kurs wendet sich auch an Menschen, die bisher mit dem christlichen Glauben noch wenig in Berührung gekommen sind. Wenn Sie immer wieder andere zu Ihren Treffen einladen, kann die Gruppe wachsen, bis eine Teilung nötig wird. Beide neuen Kreise sollen ebenso wachsen, bis sie zu groß sind und sich teilen – und so weiter.

Teilnehmer

2. **Für wen soll dieser Gesprächskreis sein?**

- Für Menschen, die Fragen an das Leben haben und wissen möchten, ob der christliche Glaube ihnen weiterhelfen kann.
- Für Menschen, die sich – neu oder wieder – intensiver mit dem christlichen Glauben beschäftigen wollen.
- Für Menschen, denen Kirche und Glauben fremd geworden sind, die aber nach einem neuen Zugang zum Glauben suchen.
- Für Christen, die die Bibel besser kennenlernen und tiefer verstehen wollen.
- Für Menschen, die im Gespräch über Glaubensfragen und im Gebet füreinander in ihrem Glauben wachsen möchten.
- Für Menschen, die mit Schwierigkeiten und Problemen zu kämpfen haben und eine Gruppe suchen, die Unterstützung und Zusammenhalt bieten kann.

Der erste Schritt

3. **Wie sollen wir anfangen?** Machen Sie sich eine Liste mit den Namen, die Ihnen jetzt als mögliche Teilnehmer einfallen. Hängen Sie die Liste an einen Platz, an dem Ihr Blick immer wieder einmal darauffällt. Lassen Sie sie dort, bis Sie alle, die Sie auf Ihrer Liste notiert haben, gefragt haben, ob sie Interesse an einem solchen Gesprächskreis haben.

Das erste Treffen

4. **Was geschieht beim ersten Treffen?** Sie lernen einander als neue Gruppe kennen bzw. begrüßen neue Mitglieder, wenn Ihre Gruppe schon länger besteht. Sie sprechen über Ihre Erwartungen an diesen Kurs und vereinbaren „Spielregeln", die in der Gruppe gelten sollen.

Spielregeln

5. Wie entsteht die Vereinbarung über die Spielregeln? Sprechen Sie über die nachfolgenden Fragen und notieren Sie die Punkte, bei denen Sie Einigung erzielen. So können Sie am Ende des Kurses gut beurteilen, ob Sie Ihre Ziele erreicht haben.

- Was ist der Zweck Ihrer Treffen?
- Wie oft wollen Sie sich treffen? (Dieser Kurs bietet Ihnen Gesprächsanregungen für 10 Treffen. Wenn Sie danach weiterhin zusammenkommen wollen, verlängern Sie einfach Ihre Abmachung.)
- Wo wollen Sie sich treffen?
- Um welche Uhrzeit sollen die Treffen beginnen und wie lange sollen sie dauern?
- Welchen Rahmen wollen Sie Ihren Treffen geben? Soll es Getränke und etwas zum Knabbern geben? Wer ist dafür zuständig?

Hilfreich ist es, wenn Sie außerdem **Regeln für das Gespräch in der Gruppe** vereinbaren. Dazu könnten folgende Vereinbarungen gehören:

- Was in diesem Kreis gesagt wird, ist vertraulich und wird nicht nach außen getragen.
- Wir reden nicht übereinander, sondern miteinander.
- Gesprächsbeiträge werden nicht bewertet; jeder Teilnehmer wird mit seiner Meinung ernst genommen.
- Es gibt keine „unmöglichen" Positionen. Wenn es Meinungsunterschiede gibt, begründet jeder seine eigene Sicht.

- ______________________________
- ______________________________
- ______________________________

Sie können ergänzen, was Ihnen sonst noch für Ihre Gruppe wichtig zu sein scheint.

Zeitlicher Rahmen

6. Wie lange dauert ein Treffen? Die Mindestzeitangaben für die einzelnen Bausteine des Treffens sind für Gruppen gedacht, die nur eine Stunde zusammen sein können. Wenn Sie mehr Zeit zur Verfügung haben, verlängern Sie die angegebenen Zeiten einfach entsprechend.

7. Warum verabreden Sie sich zunächst nur für eine bestimmte Anzahl von Treffen? Weil es leichter ist, sich für einen überschaubaren Zeitraum für eine Sache zu entscheiden und sie wirklich durchzuhalten, als eine Verpflichtung auf unbestimmte Zeit einzugehen. Wenn Sie nach Abschluss des Kurses weiter als Gruppe zusammenbleiben wollen – umso besser.

Gesprächsinhalt

8. Was wird bei den Treffen besprochen? Die Einheiten dieses Gesprächsleitfadens führen in die zentralen Botschaften des ersten und zweiten Petrusbriefs ein. Dabei geht es unter anderem um Fragen wie:
- Worin liegen die Ähnlichkeiten zwischen der Lebenssituation der Briefempfänger und uns als Christen heute?
- Welche Ressourcen haben Christen, um hoffnungsvoll mit sozialem Druck, Bewährungsproben und Leid umzugehen?
- Wie führt man als religiöse Minderheit in einer nicht christlichen Umgebung ein vorbildliches Leben?
- Und wie lebt man im Alltag in der Spannung zwischen „einheimisch" (also der Umgebungskultur zugewandt) und

„fremd“ (also andersartig im Vergleich zur Umgebungskultur)?

Das Inhaltsverzeichnis bietet eine Übersicht über die Texte und Themen.

Vielleicht möchten Sie auch ein zusätzliches Treffen einplanen, in dem Sie sich gemeinsam mit den Spielregeln für diese Gruppe und der Einführung zum Thema *„Einheimisch fremd“ – Der erste und zweite Petrusbrief* beschäftigen.

Bibelkenntnis

9. Und wenn jemand in der Gruppe wenig von der Bibel weiß? Prima! Dafür ist die Gruppe ja da. Die ERLÄUTERUNGEN geben Ihnen Hinweise zum Verständnis größerer Zusammenhänge, einzelner Ausdrücke, geschichtlicher Hintergründe oder wichtiger Personen im Text. Greifen Sie immer dann auf die Erläuterungen zurück, wenn der Sinn des Textes sich nicht von selbst erschließt.

Bibel dabeihaben. Die Texte, auf die sich dieses Heft bezieht, sind in den einzelnen Einheiten abgedruckt. Weil aber auch immer wieder einmal auf weitere biblische Zusammenhänge verwiesen wird, ist es gut, wenn die Teilnehmer auch eine Vollbibel dabeihaben, um entsprechende Stellen nachschlagen zu können.

„Hausaufgaben“

10. Was muss ich sonst noch tun? Nichts, wenn Sie nicht wollen. Aber Sie können über das hinausgehen, was in der Gruppe besprochen wird. Nicht immer werden Sie alle *Erläuterungen* gemeinsam in der Gruppe lesen und diskutieren können. Wenn Sie die Zusatzinformation voll ausschöpfen möchten, haben Sie dafür zwei Möglichkeiten:

- Lesen Sie Text und Erläuterungen vorbereitend zu Hause. Oder:
- Vertiefen Sie das Gespräch über einen Text im Anschluss an Ihr Gruppentreffen. Lesen Sie den Text noch einmal im Zusammenhang und nehmen Sie sich Zeit, die Erläuterungen zu studieren.

Der Traum

11. Der Traum, der dahintersteckt: Menschen treffen sich und wachsen zu einer tragfähigen Gemeinschaft zusammen, in der jeder eine Heimat findet und in seinen Freuden und Schwierigkeiten angenommen ist. Menschen kommen zusammen, reden über ihr Leben und ihren Glauben und begegnen der Bibel – egal, ob sie Kirchenmitglieder sind, vom Glauben bisher viel oder wenig wissen, ob sie Christen sind oder nicht.

Serendipity

12. Was heißt Serendipity? „Das Geschenk, zufällig glückliche Entdeckungen zu machen.“ Genau darum geht es beim Kursmaterial „Serendipity bibel“: Menschen kommen ins Gespräch über das Leben und den Glauben, tauschen Erfahrungen aus, setzen sich mit Fragen nach Gott und der Welt, nach Glaube und Bibel auseinander und machen dabei – möglicherweise ganz unvermutet – wertvolle Entdeckungen für ihr Leben.

Hinweise für Gruppenleiter

13. Weitergehen. Weitere Kurshefte zu vielen biblischen Themen finden Sie auf unserer Homepage: https://www.brunnen-verlag.de/serendipity

Wie verläuft ein Treffen?

Jedes Treffen besteht aus vier Teilen:

1. EINSTIEG (15–20 Minuten)
Der Einstieg bietet Hilfen an, um sich untereinander kennenzulernen und ins Gespräch zu kommen. Die Impulse in diesem Teil zielen darauf ab, mehr voneinander zu erfahren, damit gute Beziehungen untereinander wachsen können.

2. BIBELGESPRÄCH (30–40 Minuten)
Lesen Sie den Bibeltext zunächst gemeinsam. Die Fragen in diesem Teil beziehen sich auf den Bibeltext bzw. das Thema der Gesprächseinheit. Sie helfen, den Bibeltext zu erschließen, und geben Ihnen einen Leitfaden für Ihr Gespräch. Greifen Sie immer dann auf die *Erläuterungen* zurück, wenn der Sinn des Textes sich nicht von selbst erschließt.

Sie werden vielleicht nicht alle Fragen in der zur Verfügung stehenden Zeit ansprechen können. Wählen Sie dann einfach die aus, die Ihrer Gruppe am wichtigsten erscheinen.

Wenn Ihre Gruppe recht groß ist, können Sie auch überlegen, ob Sie sich für das Bibelgespräch – immer oder hin und wieder – in kleinere Gruppen (etwa zu viert) aufteilen. Das gibt jedem Einzelnen die Möglichkeit, häufiger zu Wort zu kommen.

Wichtig: Zu manchen Fragen möchten Sie sich vielleicht nicht in der Gruppe äußern. Geben Sie aber Ihre Antwort für sich persönlich. Natürlich hat jeder die Freiheit, nur das mitzuteilen, was er wirklich möchte.

3. AUSTAUSCH UND GEBET (15–30 Minuten)
Hier ist Gelegenheit, den Text noch einmal ganz persönlich auf sich wirken zu lassen und, wenn Sie möchten, persönliche Anliegen anzusprechen. Dieser Austausch und das gemeinsame Gebet füreinander dienen ganz entscheidend dem Zusammenwachsen und dem Aufbau einer tragfähigen Gemeinschaft.

Die *Mindestzeitangaben* sind für Gruppen gedacht, die nur eine Stunde zur Verfügung haben. Wenn Sie mehr Zeit haben, verlängern Sie die angegebenen Zeiten einfach entsprechend.

4. KONKRETE SCHRITTE
Diese Impulse und Anregungen sollen dazu dienen, das Gelernte außerhalb des Abends, während der Woche im Alltag zu vertiefen und umzusetzen.

Einführung: „Einheimisch fremd“ Der erste und zweite Petrusbrief

Falls es an dieser Stelle noch einer Zusatzmotivation bedarf, sich intensiv den Petrusbriefen zuzuwenden, könnte Martin Luther weiterhelfen. Beim 1 Petr handle es sich, so Luther damals, um eines der erhabensten Bücher des NTs, der Brief enthalte alles, was ein Christ wissen müsse. Und heute? Heute bieten die Petrusbriefe wegweisende Orientierung für Christen und Gemeinden, die in einer weitestgehend nicht-mehr-christlichen Gesellschaft ihren Glauben standhaft, ausdrucksstark und dabei dennoch missionarisch anziehend leben wollen.

Für die ursprünglichen Leser war ihre neugewonnene Identität als Christen nicht nur Grund zur Freude, sondern paradoxerweise auch der Auslöser von Gegenwind, Anfeindungen und „mancherlei Anfechtung“ (1 Petr 1,6 [LUT]; siehe dazu und für die folgenden Abschnitte Jobes, *1 Peter*). Als religiöse Minderheit wurden sie aufgrund ihres Glaubens an Jesus gesellschaftlich an den Rand gedrängt. Ihr christlicher Lebensstil und das damit zusammenhängende Wertesystem brachte sie in Konflikt und Spannung mit ihrer Kultur. Sie waren „Fremdkörper“ (1 Petr 1,1; 2,11) in einer nicht christlichen Umgebung. Die entsprechend negativen Reaktionen reichten von Verleumdung, sozialer Ausgrenzung, wirtschaftlicher Benachteiligung bis hin zu körperlichen Angriffen und noch schlimmeren Formen der Verfolgung (1 Petr 1,6-7; 4,4.12-14). Es ist daher nicht verwunderlich, dass gerade der 1 Petr von Gläubigen aus Ländern mit starker Christenverfolgung seit jeher als Quelle der Ermutigung und des Trostes besonders hochgeschätzt wird.

Was Anfeindungen und Verfolgung angeht, stellt sich die Situation für Christen und Gemeinden im Westen noch relativ komfortabel dar. Dennoch: Die christlichen Wurzeln unserer Kultur geraten immer mehr in Vergessenheit. Wir sind in einer *nach*christlichen Gesellschaft angekommen, in der Christen nur noch eine Minderheit sind. In dieser Situation gewinnt die Botschaft der Petrusbriefe eine unglaubliche Relevanz. Weil hier auf vielschichtige Weise die Frage beantwortet wird: Wie sollen Christen in einer Welt leben, in der man den christlichen Glaubens- und Wertvorstellungen mit zunehmendem Unverständnis und bisweilen sogar feindlich gegenübersteht? Petrus entfaltet ein Modell des christlichen Lebens als „einheimische Fremdbürger“. Denn Christen bleiben gesellschaftliche Insider (soz. „Einheimische“), die sich allerdings durch ihre Hinwendung zu Christus von ihrer Kultur entfremdet haben. Sie unterscheiden sich von ihrer Umgebung, wenden sich ihrem Lebensumfeld aber dennoch freundlich und respektvoll zu (1 Petr 2,9.12; 3,15-16 u. a.).

Mit dieser „einheimisch fremden“ Identität werden wir uns in den zehn Kapiteln dieses Serendipity-Heftes anhand verschiedener Texte aus dem 1 und 2 Petr beschäftigen. Vorher aber noch einige wissenswerte Hintergrundinformationen zu diesen spannenden Briefen.

Wer hat die Briefe geschrieben?

Zu Beginn beider Briefe stellt sich Petrus als Autor vor. In den Evangelien wird Petrus als initiativer Wortführer des Zwölferkreises beschrieben (vgl. u. a. Mt 16,22-23; 17,24-27), kein Jünger Jesu wird im NT häufiger erwähnt. Sein leidenschaftliches Bekenntnis zu Jesus als Messias (Mt 16,16 par), die dreimalige Leugnung seiner Zugehörigkeit zu Jesus (Mk 14,66-72 par), die Begegnung mit dem Auferstandenen (1 Kor 15,5), seine anschließende Wiederherstellung (Joh 21,15-17) sowie seine besondere Beauftragung durch Jesus (Mt 16,18-19; Lk 22,31-32) zählen sicher zu den prägendsten Wegmarken seiner Biografie.

Kritische Ausleger der Petrusbriefe haben allerdings die Verfasserschaft des Petrus wiederholt in Zweifel gezogen (siehe zum Folgenden Carson/Moo, *Einleitung*): Da der **1 Petr** hauptsächlich an Heidenchristen adressiert sei (siehe unten), könne er schwerlich von Petrus stammen. Denn nachdem sich Petrus Jahre zuvor mit Paulus geeinigt habe, dass dieser unter Heiden, er selbst aber unter Juden missionieren solle (vgl. Gal 2,1-10), scheine es ausgeschlossen, dass Petrus in den „Zuständigkeitsbereich" des Paulus eingegriffen hätte. Auch klängen viele theologische Aussagen des Briefes zu „paulinisch" als dass sie von Petrus stammen könnten. Und schließlich sei das Griechisch des Briefes so gediegen und elegant, dass es die sprachlichen Fähigkeiten eines Fischers wie Petrus mit ziemlicher Sicherheit übersteige.

Diese (und einige weitere) Argumente können nicht überzeugen: Denn die gegenseitige Absprache zwischen Paulus und Petrus, ihr missionarisches Tätigkeitsfeld grundsätzlich zu trennen, war sicher niemals als absolute Grenzziehung gedacht. Paulus hat offensichtlich weiterhin auch unter Juden evangelisiert (vgl. Apg 16,13; 17,1-2.10), weshalb auch Petrus unter Heidenchristen gearbeitet haben kann, wo sich das ergab. Dass der 1 Petr und die Paulusbriefe außerdem einige theologische Konzepte gemeinsam haben, ist angesichts der gemeinsamen Wurzeln in der frühchristlichen Lehrtradition keinesfalls überraschend. Schließlich ist auch das Argument eines zu guten Griechisch nicht zwingend: Denn es ist anzunehmen, dass Petrus als Kleinunternehmer im Fischereigewerbe die griechische Handelssprache auf gutem Niveau beherrschte. Schließlich deutet einiges darauf hin, dass Petrus sich eines Sekretärs als Helfer bei der Abfassung bediente (1 Petr 5,12).

Noch umstrittener als die Verfasserschaft des 1 Petr ist die des **2 Petr.** Denn dieser Brief ist in der Frühen Kirche nicht sonderlich gut bezeugt. Schon früh wurde er von einigen als nicht echt angesehen. Die Skepsis der Kirchenväter gegenüber dem 2 Petr und die daraus resultierende zögerliche Anerkennung wird allerdings dann verständlich, wenn man bedenkt, dass gerade in den ersten Jahrhunderten in der Tat viele Fälschungen unter dem Namen des Petrus im Umlauf waren. Letztlich lässt sich für beide Briefe kaum ein überzeugendes Argument finden, um deren Echtheit und damit die Verfasserschaft durch den Apostel Petrus zwingend infrage zu stellen.

Wann, wo und an wen wurden die Briefe geschrieben?

Aus den Grüßen am Ende des Briefes in 5,13 geht hervor, dass Petrus den **1 Petr** an einem Ort geschrieben hat, den er „Babylon" nennt. „Babylon" ist hier als Chiffre (also als Wort mit verschlüsselter Bedeutung) zu verstehen, mit dem symbolisch das Zentrum weltlicher Macht bezeichnet wird (vgl. Offb 14,18; 16,19 u. a.). Somit ist von Rom als Hauptstadt des damaligen Weltreichs als Abfassungsort auszugehen. Dort starb der Apostel Petrus, so bezeugen es zuverlässige Quellen, in den Jahren 64–65 n. Chr. während der Christenverfolgung unter Nero den Märtyrertod. Entsprechend muss der 1 Petr einige Zeit vorher, vermutlich in den Jahren 62–63 n. Chr., fertiggestellt worden sein.

Der **2 Petr** nimmt wohl in 3,1 auf den zuvor verfassten 1 Petr Bezug. Vieles spricht folglich dafür, dass er ebenfalls in Rom kurz vor dem gewaltsamen Tod des Petrus verfasst wurde. In 1,14 weist Petrus unter Verweis auf die Prophezeiung Jesu in Joh 21,18-19 auf sein baldiges Ableben hin; evtl. war die neronische Verfolgung bereits im Gange.

An wen wurden nun die beiden Briefe geschrieben? Nach 1 Petr 1,1 an die „von Gott Erwählten, die (...) über die Provinzen Pontus, Galatien, Kappadozien, Asien und Bithynien verstreut sind". Diese Leserschaft wird an einigen Stellen des Briefes näher bestimmt. Petrus äußert, dass sie „freigekauft worden [seien] von dem sinn- und ziellosen Leben, das schon [ihre] Vorfahren geführt hatten" (1,18) und dass sie „in der Vergangenheit lange genug das getan [hätten], wonach Menschen der Sinn steht, die Gott nicht kennen. Ausschweifungen gehörten dazu, das Ausleben eurer Begierden, Alkoholexzesse, Schlemmen und Saufen und abstoßender Götzendienst" (4,3). Diese Hinweise sprechen dafür, dass Petrus sich mehrheitlich an heidenchristliche Jesusnachfolger in den römischen Provinzen Kleinasiens (in der heutigen Türkei) richtet.

Die zentralen Inhalte und die Struktur des ersten Petrusbriefs

Im Anschluss an Donald Carson und Douglas Moo (*Einleitung*, 781–783) verdienen drei inhaltliche Schwerpunkte des 1 Petr besondere Aufmerksamkeit:

- Angesichts des oben geschilderten sozialen und gesellschaftlichen Drucks richtet Petrus den Blick seiner Leser sehr gezielt auf die Zukunft. Die „sichere Hoffnung" auf ein zukünftiges „unvergängliches und makelloses Erbe" soll ihrem Glauben Standhaftigkeit verleihen (1,3-9). Weil ihre bereits erlangte Erlösung vollständig sichtbar wird, wenn Christus „in seiner Herrlichkeit erscheint" (1,13; vgl. 4,13; 5,1.4), sind alle irdischen Leiden begrenzt (1,6; 5,10). Dieses Wissen soll als stärkende Motivation dienen, um auch unter den gegebenen Anfeindungen an einem gottgefälligen Lebensstil festzuhalten.
- Petrus beschreibt die neue Identität der heidenchristlichen Briefempfänger, indem er an alttestamentliche Motive anknüpft (2,4-10). Sie sind wie das alttestamentliche Volk Israel als Gottes Bundespartner dazu berufen, heilig zu sein, wie Gott heilig ist (1,15-16). Durch die besondere Betonung dieser neugewonnenen Zugehörigkeit zum Volk Gottes „versucht Petrus die leidenden Christen mit dem Gedanken zu trösten, dass Christen, obwohl Pilger und Fremdlinge in dieser Welt, eine sichere und unverlierbare Heimat im Haus Gottes haben" (Carson/Moo, *Einleitung*, 783).
- Wiederholt verknüpft Petrus seine Ausführungen mit dem Wirken von Jesus Christus (dessen Augenzeuge er ja selbst gewesen war). Der Tod, die Auferstehung, die Himmelfahrt und die Wiederkunft Jesu ziehen sich wie ein wiederkehrendes „Leitmotiv" durch die einzelnen Briefkapitel. Dabei verdeutlicht Petrus jeweils, welche unmittelbaren Auswirkungen die Taten Christi für das alltägliche Leben der Jesusnachfolger haben. Deutlich wird: Jesus ist nicht nur Ursprung vieler gegenwärtiger und zukünftiger Segnungen, sondern auch Beispiel und Vorbild für den mutigen und standhaften Umgang mit Leiden (3,21-23).

Bei der folgenden Gliederung des 1 Petr sind die Abschnittsüberschriften teils aus der *Neuen Genfer Übersetzung* übernommen, teils selbst formuliert. In der rechten Spalte stehen die entsprechenden Gesprächseinheiten in diesem Heft.

Briefanfang: Absender, Empfänger und Segenswunsch (1,1-2)	**(1) Als „einheimisch Fremde" hoffnungsvoll Prüfungen bewältigen**
Ein neues Leben und eine begründete Hoffnung (1,3-12)	
• Eine sichere Hoffnung als Grundlage des neuen Lebens (1,3-5)	
• Von Prüfungen als Teil des christlichen Lebens (1,6-9)	
• Vom Privileg, als Christ zu leben (1,10-12)	
Ein Leben in Übereinstimmung mit Gottes Heiligkeit (1,13–2,10)	**(2) Als „einheimisch Fremde" heilig und unverwechselbar leben**
• Als Kinder des Vaters leben (1,13-21)	
• Als neues Gottesvolk leben (1,22–2,10)	
Verhaltensweisen inmitten einer „fremden" Welt (2,11–3,7)	**(3) Als „einheimisch Fremde" das Evangelium glaubwürdig verkörpern**
• Befreit, um Gutes zu tun (2,11-12)	
• Christ und Staat (2,13-17)	
• Sklaven und Herren (2,18-25)	
• Ehefrauen und Ehemänner (3,1-7)	
Mit Bedrängnissen umgehen (3,8-22)	**(4) Als „einheimisch Fremde" leidensbereit leben**
• „Vergeltet nicht Böses mit Bösem!" (3,8-12)	
• Leiden für das Gute (3,13-17)	

• Christus, der Grund unserer Hoffnung (3,18-22)	
Ein verändertes Leben nach Gottes Willen (4,1-11)	**(5) Als „einheimisch Fremde“ ein verändertes Verhalten an den Tag legen**
• Neues Leben – verändertes Verhalten (4,1-6)	
• Neues Leben im Licht des Endes (4,7-11)	
Bewährungsproben (4,12-19)	**(6) Als „einheimisch Fremde“ in Bewährungsproben bestehen**
Anweisungen an die Gemeinde (5,1-11)	**(7) Als „einheimisch Fremde“ demütig leiten und standhaft an der Gnade festhalten**
Abschließende Grüße (5,12-14)	

Die zentralen Inhalte und die Struktur des zweiten Petrusbriefs

Im Anschluss an Donald Carson und Douglas Moo (*Einleitung*, 798–800) lassen sich drei wesentliche Kernthemen des 2 Petr bestimmen:

- Petrus entfaltet hier eine ausführliche Polemik gegen Irrlehrer (2,1-22), die nicht zuletzt die Wiederkunft Jesu und die Realität eines kommenden Gerichts in Zweifel zogen (1,16-21; 3,3-4). Er macht dabei deutlich, dass theologische und ethisch-moralische Verirrungen häufig Hand in Hand gehen. Die pointierten Gerichtsaussagen zeigen, dass sowohl theologische Irrtümer als auch ethische Ausschweifungen aus Gottes Perspektive sehr ernst zu nehmen sind.
- Der 2 Petr leistet einen wichtigen Beitrag zur biblischen Endzeitlehre. In Auseinandersetzung mit den genannten falschen Schlussfolgerungen im Blick auf die Wiederkunft Jesu und den sog. „Tag des Herrn“ stellt Petrus eindeutig heraus: Diese Welt ist dazu bestimmt, „im Feuer zu vergehen“ und in einen „neuen Himmel und eine neue Erde“ verwandelt zu werden (3,13; vgl. Jes 65,17; 66,22; Offb 21,1).
- Schließlich betont Petrus, dass die „Erinnerung“ eine Kerndisziplin des Christseins darstellt – und zwar nicht als „rein intellektueller Akt“, sondern als ein bewusstes Einprägen „von Gottes Wahrheiten in Herzen und Verstand, [das] unweigerlich zu praktischen Konsequenzen führen muss“.

Bei der folgenden Gliederung des 2 Petr sind die Abschnittsüberschriften teils aus der *Neuen Genfer Übersetzung* übernommen, teils selbst formuliert. In der rechten Spalte stehen die entsprechenden Gesprächseinheiten in diesem Heft.

Briefanfang: Absender, Empfänger und Segenswunsch (1,1-2)	**(8) Als „einheimisch Fremde“ aus dem Evangelium der Gnade leben**
Das Evangelium als Quelle eines gottgefälligen Lebenswandels (1,3-11)	
Der Ursprung und die Zuverlässigkeit der göttlichen Wahrheit (1,12-21)	**(9) Als „einheimisch Fremde“ zuversichtlich aus der Erinnerung an Gottes Wahrheit leben**
Warnung vor Irrlehre (2,1-22)	**Einschub**
• Die Gefährdung der Gemeinde durch Irrlehrer (2,1-9)	
• Die Verkommenheit der Irrlehrer (2,10-22)	
Richtige Perspektiven auf das Ende der Welt (3,1-13)	**(10) Als „einheimisch Fremde“ wachsam das Ende erwarten**
• Auch wenn manche es nicht wahrhaben wollen: Christus wird wiederkommen (3,1-7)	
• Gottes Hinauszögern als Ausdruck seiner rettenden Geduld (3,8-10)	
• Aufforderung zu einem geheiligten Leben angesichts der Erwartung eines neuen Himmels und einer neuen Erde (3,11-13)	
Abschließender Aufruf zur Standhaftigkeit und Wachsamkeit (3,14-18)	

Hier können Sie sich ein Video ansehen, in dem der Autor seine Einführung in die Petrusbriefe vorträgt:
https://youtu.be/D8GZCfy5o6A

Als „einheimisch Fremde“ hoffnungsvoll Prüfungen bewältigen

1

1. Petrus 1,1-12

EINSTIEG
(15–20 Minuten)
Wählen Sie bitte eine oder zwei Fragen aus.

1. Erzählen Sie von einer Situation, in der Sie „fremd“ waren. Wie haben Sie sich gefühlt?

2. Fremdenfeindlichkeit und Rassismus sind wiederkehrende Probleme in unserer Gesellschaft. Warum neigen Menschen zu einer skeptischen, distanzierten oder gar feindseligen Haltung gegenüber „Fremden“?

3. Was war die schwerste Prüfung in Ihrem Leben? Wie haben Sie sich darauf vorbereitet? Hatten Sie Prüfungsangst?

BIBELTEXT

Briefanfang: Absender, Empfänger und Segenswunsch

1 Petrus, Apostel Jesu Christi, an die von Gott Erwählten, die – als Fremde in
dieser Welt – über die Provinzen Pontus, Galatien, Kappadozien, Asien und
Bithynien verstreut sind. 2 Eure Erwählung entspricht dem Plan, den Gott, der
Vater, schon vor aller Zeit gefasst hat – dem Plan, euch durch das Wirken seines Geistes zu seinem heiligen Volk zu machen, zu Menschen, die sich Jesus Christus im Gehorsam unterstellen und durch sein Blut von aller Schuld gereinigt werden. Euch allen wünsche ich Gnade und Frieden in reichstem Maß!

Eine sichere Hoffnung als Grundlage des neuen Lebens

3 Gepriesen sei Gott, der Vater unseres Herrn Jesus Christus! In seinem großen Erbarmen hat er uns durch die Auferstehung Jesu Christi von den Toten ein neues Leben geschenkt. Wir sind von neuem geboren und haben jetzt
eine sichere Hoffnung, 4 die Aussicht auf ein unvergängliches und makelloses
Erbe, das nie seinen Wert verlieren wird. Gott hält es im Himmel für euch bereit 5 und wird euch, die ihr glaubt, durch seine Macht bewahren, bis das Ende
der Zeit gekommen ist und der Tag der Rettung anbricht. Dann wird das Heil in seinem ganzen Umfang sichtbar werden.

Von Prüfungen als Teil des christlichen Lebens

6 Ihr habt also allen Grund, euch zu freuen und zu jubeln, auch wenn ihr jetzt
nach Gottes Plan für eine kurze Zeit Prüfungen verschiedenster Art durchma-
chen müsst und manches Schwere erleidet. 7 Denn diese Prüfungen geben
euch Gelegenheit, euch in eurem Glauben zu bewähren. Genauso, wie das vergängliche Gold im Feuer des Schmelzofens gereinigt wird, muss auch euer Glaube, der ja unvergleichlich viel wertvoller ist, auf seine Echtheit geprüft werden. Und wenn dann Jesus Christus in seiner Herrlichkeit erscheint, wird eure Standhaftigkeit euch Lob, Ruhm und Ehre einbringen.
8 Bisher habt ihr Jesus nicht mit eigenen Augen gesehen, und trotzdem liebt ihr ihn; ihr vertraut ihm, auch wenn ihr ihn vorläufig noch nicht sehen könnt. Daher erfüllt euch schon jetzt eine überwältigende, jubelnde Freude, eine
Freude, die die künftige Herrlichkeit widerspiegelt; 9 denn ihr wisst, dass ihr
das Ziel eures Glaubens erreichen werdet – eure endgültige Rettung.

Vom Privileg, als Christ zu leben

10 Dieser Rettung galt schon das Suchen und Forschen der Propheten, denn in ihren Voraussagen ging es um eben diese Gnade, die ihr inzwischen erfahren
habt. 11 Der Geist von Christus, der durch die Propheten sprach, kündigte so-
wohl die Leiden an, die auf Christus warteten, als auch die darauf folgende Herrlichkeit, und sie versuchten herauszufinden, auf welche Zeit und auf was
für Ereignisse er damit hinwies. 12 Es wurde ihnen gezeigt, dass diese Voraus-
sagen nicht für ihre eigene Zeit bestimmt waren, sondern dass sie damit euch dienten. Und genau das ist nun eingetroffen! Ihr habt das Evangelium gehört; es wurde euch von denen verkündet, die dafür mit dem Heiligen Geist ausgerüstet waren, den Gott vom Himmel gesandt hat. Diese Botschaft ist so einzigartig, dass sogar die Engel den tiefen Wunsch haben, mehr darüber zu erfahren.

BIBELGESPRÄCH
(30–40 Minuten)
Wählen Sie ggf. unter den Fragen aus.

1. Warum hebt Petrus wohl in den ersten beiden Versen so stark hervor, dass die Briefempfänger von Gott erwählt sind? Welche Rolle spielt die Dreieinigkeit in diesem Prozess und welche Zwecke der Erwählung werden erwähnt? Siehe auch die Erläuterungen zu V. 1-2.

2. Worauf stützt sich die „sichere Hoffnung" (V. 3)? Inwiefern sind hier Vergangenheit, Gegenwart und Zukunft verknüpft? Siehe auch die Erläuterungen zu V. 3-5.

3. Was bedeutet es, sich angesichts von „Prüfungen" und leidvollen Situationen „zu freuen und zu jubeln" (V. 6; vgl. auch V. 8)? Eine oberflächlich

aufgesetzte Freude, die die schmerzhafte Realität des Leidens verdrängt, kann nicht gemeint sein. Worum also geht es?

4. Welchen Zweck sollen „Prüfungen" im Leben eines Christen erfüllen (V. 7)? Wie hilft das Bild des Schmelzofens, diesen Zweck besser zu verstehen?

5. Welche Verbindung wird in V. 10-12 zwischen dem AT und dem NT gezogen? Inwiefern sind neutestamentliche Gläubige sogar privilegierter als alttestamentliche Propheten? Worin genau liegt dabei die Ermutigung für Christen, die gesellschaftlich unter Druck stehen?

AUSTAUSCH

(15–30 Minuten) Wählen Sie ggf. unter den Fragen aus. Sie können das Gespräch mit einem gemeinsamen Gebet abschließen. Fragen, die nicht in der Gruppe thematisiert werden, können Ihnen auch als Anstoß dienen, zu Hause den Text vertiefend zu betrachten.

1. Inwiefern gehören auch wir zu den „einheimisch Fremden" (vgl. V. 1)? Was heißt das für unser alltägliches Leben als Christen in unserer Gesellschaft und Kultur?

2. Die Bibel spricht über Erwählung nie im „luftleeren Raum" oder um uns zu fruchtlosen Spekulationen anzuregen bzw. zu verunsichern. Vielmehr hat der Hinweis auf Gottes Erwählung häufig (so auch hier in V. 1) glaubensstärkende Funktion. Inwiefern kann die Lehre von der Erwählung uns tatsächlich im Glauben ermutigen und stärken?

3. Wo stehen Sie im Alltag in der Gefahr, Ihre Hoffnung auf ganz irdische Dinge oder Personen zu setzen? Worin unterscheiden sich diese „Hoffnungsträger" von der „sicheren Hoffnung", von der Petrus in V. 3 spricht?

4. Wer „Prüfungen" bestehen will, muss vorbereitet sein. Welche unterschiedlichen Strategien zur Prüfungsvorbereitung finden sich in diesen ersten Abschnitten des 1 Petr? Haben Sie bereits Glaubensprüfungen erlebt, durch die Ihr Glaube gewachsen ist?

5. Prüfungen als Grund zur Freude anzusehen (V. 6) klingt zunächst wenig naheliegend, vielleicht sogar „unmenschlich". Was für eine Art von „Freude inmitten von Schwierigkeiten" ist hier gemeint? Und worauf stützt sich diese Freude?

6. Laut V. 10-12 zählen wir zu den Privilegierten. Welche Konsequenzen ziehen wir daraus?

KONKRETE SCHRITTE

Entscheiden Sie, was Sie in der kommenden Woche ganz praktisch tun wollen.

1. Lernen Sie 1 Petr 1,6-7a auswendig. Danken Sie Gott jeden Tag konkret für eine Prüfung oder leidvolle Erfahrung in Ihrem Leben und bitten Sie ihn darum, diese Herausforderung zu nutzen, um Ihr Vertrauen in ihn zu stärken.

2. Was möchten Sie nach der Beschäftigung mit 1 Petr 1,1-12 besonders festhalten? Was möchten Sie konkret in die Praxis umsetzen – im Blick auf Ihre Einstellungen, Ihr Denken, Ihre Worte und Ihr Handeln?

ERLÄUTERUNGEN

V. 1-2. Wie bei antiken Briefen üblich, beginnt der 1 Petr mit der Angabe von Verfasser und Empfängern. Der Autor bezeichnet sich als autoritativer „Apostel [=Botschafter] Jesu Christi" und identifiziert sich mit seinem griechischen Beinamen „Petrus", der ihm von Jesus selbst gegeben wurde (vgl. Joh 1,42; Mt 16,18). In seinem als Rundschreiben an verschiedene Gemeinden konzipierten Brief schreibt Petrus „an die von Gott Erwählten", die „als Fremde" in den genannten römischen Provinzen Kleinasiens (in der heutigen Türkei) „verstreut sind" (wörtlich: an die „Fremden der Diaspora"). Durch die Beschreibung der Empfänger als „erwählt" und „fremd" definiert Petrus ihre Identität sowohl in Beziehung zu Gott als auch in Beziehung zur Gesellschaft, in der sie leben. Dabei wird auch deutlich, dass sie gerade deshalb „Fremde in der Welt" sind, *weil* Gott sie erwählt hat.

Das **gesellschaftliche „Fremdsein"** hat dabei wahrscheinlich zunächst einen ganz realen Hintergrund: So sollten wir nicht automatisch davon ausgehen, dass die Briefempfänger auch in den genannten Regionen zum Glauben gekommen waren. Denn für eine frühchristliche missionarische Aktivität in diesem Teil des Römischen Reiches gibt es keine historische Evidenz. Möglicherweise waren also die Christen, an die Petrus schreibt, mehrheitlich an anderen Orten gläubig geworden, mit Petrus in Kontakt gekommen und fanden sich nun (bspw. durch römische Umsiedlungspolitik) als Fremde und Ausländer in Kleinasien wieder (vgl. dazu und in der Folge Jobes, *1 Peter*). In diesem Fall schrieb Petrus seinen ermutigenden Brief aus seinem „Exil" in Rom in ein „reales wie geistliches Exil" von Gläubigen in der Fremde (so Chester/Timmis, *Everyday Church*). Dabei verwendet er die persönliche Lebenserfahrung seiner heimat-entwurzelten Leser als starke geistliche Metapher, die deutlich macht: Durch ihre Bekehrung werden Christen (wo auch immer sie geografisch „heimisch" geworden sind) zu Fremdbürgern, weil ihre vom Evangelium geformten Werte und Überzeugungen mit ihrer Umgebungskultur kollidieren.

Das Konzept der **Erwählung** ist sehr komplex und wirft mehr Fragen auf, als wir hier behandeln können. Zwei Beobachtungen erscheinen wichtig: 1) Die Bibel trennt Gottes Erwählung nicht grundsätzlich von menschlicher Verantwortung. 2) In vielen Texten (wie Joh 6,37; Apg 13,48; Röm 8,30 u.v.a.) wird die Lehre der Erwählung nicht argumentativ entfaltet, sondern vorausgesetzt. Entsprechend stillt auch Petrus hier nicht all unsere theologische Neugier. Stattdessen hebt er die Beteiligung aller Personen der Dreieinigkeit an diesem Prozess hervor: Der **Ursprung** der Erwählung liegt nicht in erster Linie im menschlichen Bemühen, sondern bei **„Gott, dem Vater"**, der sich (in Anlehnung an die Erwählung Israels im AT, vgl. u.a. 5 Mo 7,6-8) durch das Wirken des **Heiligen Geistes** ein neues, heiliges Volk reserviert. Dabei besteht ein weiterer **Zweck** der Erwählung (in Anspielung auf den alttestamentlichen Bundesschluss, vgl. 2 Mo 24) letztlich darin, dass Menschen jeden Bereich ihres Lebens **Jesus Christus** im Gehorsam unterstellen – im Wissen, dass Christus selbst durch seinen Tod

(„sein Blut“) die Folgen des menschlichen Ungehorsams getragen und erst dadurch hingegebenes Leben und leidenschaftlichen Dienst für Gott ermöglicht hat (vgl. Hebr 9,14).

V. 3-5. Bevor Petrus in den folgenden Versen auf die Realität schmerzhafter Grenzerfahrungen im christlichen Leben zu sprechen kommt, weist er seine Leser auf einige theologische Wahrheiten hin. Die sollten sie verinnerlichen, um in solchen Glaubensprüfungen zu bestehen. Wer „von neuem geboren“ ist, kann in der **Gegenwart** ungeachtet aller Lebensumstände eine **„sichere** (wörtlich: lebendige) **Hoffnung“** haben (V. 3b). Denn diese Hoffnung ist fest verankert in der **Vergangenheit**, genauer gesagt: in der Auferstehung Jesu Christi von den Toten (V. 3c). Es war die Begegnung mit dem auferstandenen Jesus, die aus dem verzweifelten Petrus einen mutigen Apostel machte. Aus einem rückgratlosen, in der Prüfung durchgefallenen Petrus (vgl. Mt 26,69ff) wurde ein standhaft-leidensbereiter Bekenner. Vor dem Hintergrund dieser ganz persönlichen Verwandlung macht Petrus klar: Die beste Strategie zur „Prüfungsvorbereitung“ besteht darin, den eigenen Fokus ganz auf den lebendigen, auferstandenen Christus zu richten. Weil Jesus lebt, kann und wird er an unserer Seite sein!

Die hier genannte Hoffnung ist aber nicht nur in der Vergangenheit verwurzelt, sondern blickt auch voraus in die **Zukunft**, auf ein unvergängliches **Erbe**, das nie seinen Wert verlieren wird (V. 4). Offensichtlich hat Petrus den Predigten Jesu aufmerksam zugehört. Denn er scheint dessen Aufforderung in Mt 6,19-20 im Ohr zu haben: „Sammelt euch keine Reichtümer hier auf der Erde, wo Motten und Rost sie zerfressen (...) Sammelt euch stattdessen Reichtümer im Himmel, wo weder Motten noch Rost sie zerfressen (...).“ Christen, die jetzt noch manche Prüfung und Schwierigkeit zu bewältigen haben, gilt die Zusage: Gott hält in unserem **himmlischen Zuhause** unser Erbe unversehrt bereit. Und er wird auch uns selbst behüten und bewahren, während wir unter allen erdenklichen Umständen glaubend und vertrauensvoll an ihm festhalten – bis bei der Wiederkunft Jesu „[unser] Heil in ganzem Umfang sichtbar [wird]“ (V. 5).

In **V. 6-9** wird deutlich: **Prüfungen und Herausforderungen** sind auch im Leben von Christen unausweichlich. Hier (vgl. auch V. 11) klingt bereits an, was Petrus später im Brief noch expliziter ausführen wird (vgl. 4,12ff): Der „Fahrplan“ des christlichen Lebens verläuft analog zu dem Weg, den Jesus selbst gegangen ist – **durch Leiden zur Herrlichkeit**. Vor diesem Hintergrund ist es extrem problematisch, wenn in manchen „christlichen Kreisen“ die Meinung vertreten wird, in einem „siegreichen“ christlichen Leben dürften Krankheit, Schwierigkeiten oder Leiden keine Rolle spielen.

Die Erfahrungen sozialer Ausgrenzung, Diskriminierung und Verfolgung der Briefempfänger mögen sich von unseren persönlichen Bewährungsproben und Leiderfahrungen unterscheiden – doch für „Prüfungen verschiedenster Art“ gilt: Sie deuten nicht auf einen mangelhaften Glauben hin, sondern sind sogar ein **Grund zu Freude und Jubel** (V. 6). Wie bitte? Ja – denn sie sollen aus Gottes Perspektive **einem guten Zweck dienen**. Das „Feuer des Leidens“ (vgl. Jes 43,2; Dan 3) übernimmt die Funktion eines Schmelzofens, der (wie sonst bei Edelmetallen üblich) unseren Glauben von Verunreinigungen befreit (bspw. indem er fehlgeleitete, irdische Hoffnungen entlarvt) und auf seine Echtheit prüft (V. 7). Denn wer kann ohne die entsprechende Prüfung wirklich sagen, ob sein Glaube eine solch existenzielle Dimension hat und nicht nur ein Lippenbekenntnis und „Schön-Wetter-Glaube“ ist? Ein gereinigter und geprüfter Glaube gewinnt Tiefgang und ist in Gottes Augen wertvoller als das „vergängliche Gold“. Wer das verinnerlicht, gewinnt seelische Ressourcen, um sich auch inmitten von schmerzhaften Prüfungen zu freuen. Wer das verinnerlicht, kann zwar zitternd, aber immer wieder auch mit einer übernatürlichen Freude an der Hand von Jesus seinen Weg gehen: Durch Leiden zur Herrlichkeit und getragen von Gottes Zusagen, die in den übersetzten Worten des alten Liedes „How firm a foundation“ so klingen (Keller, *Leid*, 290; Übersetzer des Liedes: Friedemann Lux):

> Wenn durch tiefe Wasser ich heiße dich geh'n,
> sollst du nicht versinken, sollst feste du steh'n.

Ich lass dich nicht fallen, ich bleibe dein Teil
Und wende dein Unglück in Segen und Heil.

Wenn durch Feuersflammen dein Wandel
soll sein,
soll dir meine Gnade genügen allein.
Du wirst nicht verbrennen, ich bin dir stets
hold,
ich nehm' deine Schlacke und läut're dein
Gold.

(...)
Ob Satan auch droht und sein Heer dich
anficht,
ich bleibe dein Heiland, ich lasse dich nicht.

V. 10-12. Petrus beendet diesen Abschnitt mit einer weiteren **Ermutigung**: Das Evangelium der Gnade, dessen Annahme seinen Lesern so viel Gegenwind eingebracht hat, fand bereits die volle Aufmerksamkeit der alttestamentlichen Propheten und übt selbst auf die Engel eine große Faszination aus (V. 10a.12b)! Der Punkt ist: Die zum Glauben an Jesus Gekommenen sind Teil eines Planes Gottes, der die Zeiten überdauert und bereits im Alten Testament vorausschauend entfaltet wurde. Und trotz gesellschaftlicher Ausgrenzungen und Anfeindungen sind sie aus heilsgeschichtlicher Perspektive **privilegierter als die Propheten der Vergangenheit und die Engel des Himmels** (vgl. Lk 10,23-24par; Mt 11,11) – weil sie einer Botschaft Vertrauen geschenkt haben, die erst durch das Leiden und die anschließende Verherrlichung Jesu in ihrem vollen Ausmaß zu erkennen ist (V. 12; vgl. Jobes, *1 Peter* zu 1 Petr 1,10-12). Es gibt also noch einen **Grund zur Standhaftigkeit und Freude** inmitten mancher Bedrängnisse: Eine Botschaft, die das starke Interesse von Propheten und Engeln weckt, muss von überragender Bedeutung sein. Sie ist es wert, dass man hoffnungsvoll und dankbar an ihr festhält.

Als „einheimisch Fremde“ heilig und unverwechselbar leben

2

1. Petrus 1,13–2,10

1. Angenommen, Ihr neu zugereister, ausländischer Arbeitskollege oder Nachbar bittet Sie darum, ihm die Besonderheiten der Kultur Ihres Landes (oder Ihrer Stadt bzw. Region) zu erklären. Welche typischen bzw. unverwechselbaren kulturellen Eigenheiten kommen Ihnen in den Sinn?

2. Denken Sie an Ihre Eltern: Worin ähneln Sie ihnen und in welchen Bereichen überhaupt nicht?

3. Waren Sie schon einmal in einer Situation, in der Sie unbedingt zu einer bestimmten Gruppe „dazugehören“ wollten? Was haben Sie unternommen, um dieses Ziel zu erreichen?

EINSTIEG

(15–20 Minuten)
Wählen Sie bitte eine oder zwei Fragen aus.

BIBELTEXT

Als Kinder des Vaters leben

[13] Richtet euch daher ganz auf Jesus Christus aus; lebt so, dass ihr für sein
Kommen bereit seid! Bleibt wachsam und besonnen und setzt eure Hoffnung
völlig auf die Gnade, die euch erwiesen wird, wenn er in seiner Herrlichkeit
erscheint. [14] Richtet euch als gehorsame Kinder Gottes nicht mehr nach den
eigensüchtigen Wünschen aus jener früheren Zeit, als ihr noch nichts von
Christus wusstet. [15] Der, der euch berufen hat, ist heilig; darum sollt auch ihr
ein durch und durch geheiligtes Leben führen. [16] Es heißt ja in der Schrift: „Ihr
sollt heilig sein, denn ich bin heilig.“

[17] Und wenn ihr Gott im Gebet als Vater anruft, dann vergesst nicht, dass
er auch der unbestechliche Richter ist, der jeden nach dem beurteilt, was er
tut. Führt daher, solange ihr noch hier in der Fremde seid, ein Leben in der
Ehrfurcht vor ihm. [18] Ihr wisst doch, dass ihr freigekauft worden seid von dem
sinn- und ziellosen Leben, das schon eure Vorfahren geführt hatten, und ihr
wisst, was der Preis für diesen Loskauf war: nicht etwas Vergängliches wie
Silber oder Gold, [19] sondern das kostbare Blut eines Opferlammes, an dem
nicht der geringste Fehler oder Makel war – das Blut von Christus. [20] Schon
vor der Erschaffung der Welt war Christus als Opferlamm ausersehen, und

jetzt, am Ende der Zeit, ist er euretwegen auf dieser Erde erschienen. 21 Durch
ihn habt ihr zum Glauben an Gott gefunden, der ihn von den Toten auferweckt
und ihm Macht und Herrlichkeit verliehen hat, und deshalb ruhen jetzt euer
Vertrauen und eure Hoffnung auf Gott.

Als neues Gottesvolk leben

22 Ihr habt euer Innerstes gereinigt, indem ihr euch der Wahrheit im Gehor-
sam unterstellt habt, sodass ihr euch jetzt als Geschwister eine Liebe entge-
genbringen könnt, die frei ist von jeder Heuchelei. Darum hört nicht auf, ei-
nander aufrichtig und von Herzen zu lieben! 23 Ihr seid ja von neuem geboren,
und dieses neue Leben hat seinen Ursprung nicht in einem vergänglichen
Samen, sondern in einem unvergänglichen, in dem lebendigen Wort Gottes,
das für immer Bestand hat. 24 Genau das bestätigt die Schrift, wenn sie sagt:
„Alles menschliche Leben gleicht dem Gras,
und all seiner Herrlichkeit ergeht es wie einer Blume auf dem Feld.
Das Gras verdorrt,
und die Blume verwelkt,
25 aber das Wort des Herrn hat für immer und ewig Bestand."
Dieses Wort ist nichts anderes als das Evangelium, das euch verkündet
wurde.

2 1 Darum legt alle Bosheit und allen Betrug ab, alle Heuchelei, allen Neid
und alle Verleumdung! 2 Genauso, wie ein neugeborenes Kind auf Mutter-
milch begierig ist, sollt ihr auf Gottes Wort begierig sein, auf diese unver-
fälschte Milch, durch die ihr heranwachst, bis das Ziel, eure endgültige Ret-
tung, erreicht ist. 3 Ihr habt von dieser Milch ja schon getrunken und habt
erlebt, wie gütig der Herr ist.

4 Kommt zu ihm! Er ist jener lebendige Stein, den die Menschen für un-
brauchbar erklärten, aber den Gott selbst ausgewählt hat und der in seinen
Augen von unschätzbarem Wert ist. 5 Lasst euch selbst als lebendige Steine
in das Haus einfügen, das von Gott erbaut wird und von seinem Geist erfüllt
ist. Lasst euch zu einer heiligen Priesterschaft aufbauen, damit ihr Gott Opfer
darbringen könnt, die von seinem Geist gewirkt sind – Opfer, an denen er
Freude hat, weil sie sich auf das Werk von Jesus Christus gründen.

6 Gott sagt ja in der Schrift:
„Seht, ich verwende für das Fundament auf dem Zionsberg
einen Grundstein von unschätzbarem Wert,
den ich selbst ausgewählt habe.
Wer ihm vertraut, wird vor dem Verderben bewahrt werden."

7 Euch also, die ihr glaubt, kommt der Wert dieses Steins zugute. Doch was
ist mit denen, die an ihrem Unglauben festhalten? Es heißt in der Schrift:
„Der Stein, den die Bauleute für unbrauchbar erklärten,
ist zum Eckstein geworden."

8 Und an einer anderen Stelle heißt es:
„Es ist ein Stein, an dem sich die Menschen stoßen,
ein Fels, an dem sie zu Fall kommen."
Sie stoßen sich an diesem Stein, wie es allen bestimmt ist, die nicht bereit
sind, Gottes Botschaft Glauben zu schenken.
9 Ihr jedoch seid das von Gott erwählte Volk; ihr seid eine königliche Pries-
terschaft, eine heilige Nation, ein Volk, das ihm allein gehört und den Auf-
trag hat, seine großen Taten zu verkünden – die Taten dessen, der euch aus
der Finsternis in sein wunderbares Licht gerufen hat. 10 Früher wart ihr nicht
Gottes Volk – jetzt seid ihr Gottes Volk. Früher wusstet ihr nichts von seinem
Erbarmen – jetzt hat er euch sein Erbarmen erwiesen.

BIBELGESPRÄCH

(30–40 Minuten) Wählen Sie ggf. unter den Fragen aus.

1. Nennen Sie Kennzeichen der biblischen „Hoffnung", von der in V. 15 die Rede ist. Siehe dazu auch die Erläuterungen.

2. Was bedeutet es für Christen „heilig" zu sein? Wie begründet Petrus in den V. 13-21 die Aufforderung zur Heiligkeit?

3. In welchem Zusammenhang stehen in diesem Abschnitt die „Hoffnung auf die Gnade" (V. 13) und die „Ehrfurcht vor dem Richter" (V. 17)? Was lernen wir daraus für das christliche Leben?

4. Wie begründet Petrus seine Aufforderung zu „aufrichtiger und herzlicher Liebe" (V. 22)? Nennen Sie anhand des Textes Kennzeichen einer solch gegenseitigen Liebe (vgl. auch 2,1).

5. Welche Bilder werden in den V. 23–2,3 im Blick auf das Wort Gottes gebraucht? Was wird mit dem jeweiligen Bild konkret über das Wort Gottes ausgesagt?

6. Auf welche Weise verdeutlicht Petrus in den V. 4-10 anhand des Alten Testaments die neue Identität von Christen? Erläutern Sie, warum diese neue Identität Ermutigung und Herausforderung zugleich ist. Und was ist damit gemeint, dass sich Christen „als lebendige Steine in das von Gott erbaute Haus einfügen lassen sollen" (V. 5)?

AUSTAUSCH

(15–30 Minuten) Wählen Sie ggf. unter den Fragen aus. Sie können das Gespräch mit einem gemeinsamen Gebet abschließen.

1. Petrus ruft zu einem heiligen Lebensstil auf. Ist in diesem Zusammenhang der Fokus auf die Gnade (V. 13) nicht kontraproduktiv? Inwiefern führt gerade ein intensives Erleben der Gnade zur entsprechenden Herzens- und Lebensveränderung?

2. Beschreiben Sie positive oder negative Aspekte, die Sie mit dem Begriff „Gottesfurcht" verbinden (vgl. dazu auch Ps 36,2; Spr 2,5; 28,14; Hebr 5,7). Inwiefern ist eine gesunde „Ehrfurcht" vor Gott gerade für das Leben „in der Fremde" eine wichtige Herzenshaltung (V. 17)?

3. Gegenseitige Liebe gehört zu den unverwechselbaren Eigenschaften von Christen (V. 22). Seine christlichen „Geschwister" zu lieben (v. a. die, die einem „nicht so liegen"), fällt allerdings oft gar nicht so leicht (vgl. aber Ps 16,3). Wie hilft uns das Evangelium dabei, in der Gemeinde liebevoller miteinander umzugehen?

4. Inwiefern deckt sich Ihr eigener Drang, zur Bibel zu greifen mit dem, was Petrus in V. 2-3 beschreibt? Erleben Sie beim Lesen der Bibel „wie gütig der Herr ist" (vgl. Ps 19,11; 119,162)? Überlegen Sie konkrete Schritte, die Sie gehen könnten, um die Bibel für sich (wieder) zum „schmackhaften Grundnahrungsmittel" zu machen.

5. Petrus definiert Christen in den V. 4-10 u. a. als „erwähltes Volk", „königliche Priesterschaft" und „heilige Nation". Wie helfen uns diese Begriffe dabei zu verstehen, wie wir als Christen inmitten einer nicht christlichen Umgebung leben sollen? Was verhindert, dass uns diese neue Identität auf ungesunde Weise stolz macht?

KONKRETE SCHRITTE

Entscheiden Sie, was Sie in der kommenden Woche ganz praktisch tun wollen.

1. Überlegen Sie, wie Sie in dieser Woche zwei Personen in Ihrer Gemeinde „Liebe entgegenbringen" können (vgl. 1 Petr 1,22) – und setzen Sie das dann in die Tat um!

2. Was möchten Sie nach der Beschäftigung mit 1 Petr 1,13–2,10 besonders festhalten? Was möchten Sie konkret in die Praxis umsetzen – im Blick auf Ihre Einstellungen, Ihr Denken, Ihre Worte und Ihr Handeln?

V. 13 verbindet wie ein „Scharnier" den vorhergehenden mit dem nun anschließenden Abschnitt. Das in den V. 3-12 entfaltete heilbringende Evangelium bildet die Grundlage („daher") für die folgenden Ermahnungen.

Die erste Aufforderung lautet: „Setzt eure Hoffnung völlig auf die Gnade". Gemeint ist hier *nicht* ein Wunsch für die Zukunft, dessen Erfüllung mit einiger Ungewissheit verbunden ist (im Sinne von: „Ich hoffe mal, dass das Wetter morgen besser wird"). Sondern es geht um ein **sicheres Wissen,** dass das, worauf man hofft, auch tatsächlich eintreten wird. Petrus ruft hier nicht zu unbegründetem Optimismus auf, sondern zu einer inneren Entschlossenheit, so zu denken und zu handeln, dass darin die „sichere Hoffnung" und das „neue Leben" (V. 3) eines Jesusnachfolgers zum Ausdruck kommen – ungeachtet der Anfeindungen, die solch ein Lebensstil hervorrufen mag (vgl. Jobes, *1 Peter*, 111).

Die zweite Aufforderung in den **V. 14-16** entspricht unserer Redewendung „Wie der Vater, so der Sohn" [in diesem Fall auch: „so die Tochter"]. Unter Bezugnahme auf 3 Mo 19,2 („Ihr sollt heilig sein, denn ich bin heilig.") wird deutlich: Wie sich das Volk Israel durch den Gehorsam gegenüber Gottes Geboten von den Kulturen ihrer Umgebung abheben sollte, so sind nun die von Neuem geborenen Kinder Gottes dazu berufen, in ihrem Charakter dem Wesen ihres göttlichen Vaters zu entsprechen. Und zwar nicht nur punktuell, sondern „durch und durch" – **Heiligkeit betrifft alle (!) Bereiche unseres Lebens.** Ein dem Wesen Gottes entsprechender, „heiliger" Lebensstil soll sich „nicht in einem aus der Welt ausgegrenzten Bezirk des Religiösen [zeigen], sondern im Alltag" (Goppelt, *Petrus*, 118) – Christen leben innerhalb der Gesellschaft, aber eben *anders*.

V. 17 behält die Heiligkeit als Ziel des christlichen Lebens im Blick, ergänzt aber eine wichtige Perspektive: Das oben beschriebene **Leben „aus Gnade"** (V. 13) und ein **Leben „in Ehrfurcht"** schließen sich nicht aus! Vielmehr gilt: Gerade wer Gott auch als „unbestechlichen Richter" kennt, der auch über das Tun von Christen ein Urteil fällt (vgl. 2 Kor 5,10), für den gewinnt die Beziehung zu Gott als Vater und das Bemühen um dessen „heilige Familienwerte" eine tiefere Bedeutung. Weil Gott *Richter* ist, rechtfertigt die *Gnade* nie ein selbstbestimmtes Leben, das die Maßstäbe Gottes nicht ernst nimmt – aber weil Gott *Vater* ist, mutiert *Ehrfurcht* nie zu einer lähmenden Angst, die unter Druck setzt.

In **V. 18-21** erinnert Petrus an den **Kern des christlichen Evangeliums** als Motivation zu einem heiligen und unverwechselbaren Leben: „Ihr wisst doch ..." M. a. W.: Macht euch bewusst, was Gott in Christus für euch getan hat – und welch unfassbar hohen Preis er bereit war zu zahlen („das kostbare Blut eines Opferlammes", vgl. u. a. 2 Mo 12; Jes 53,7). Ihr wurdet „freigekauft" (vgl. u. a. 5 Mo 7,8; 9,26; 15,15; 24,18) von einem Leben, das zwar über Generationen den traditionellen Gepflogenheiten eurer Kultur entsprach, sich letztlich aber als „sinn- und ziellos" entpuppte. Die „gute Nachricht" von dieser bereits bewirkten Erlösung ist der ultimative Ansporn, in einem herausfordernden Umfeld („in der Fremde", V. 17) einen Lebensstil an den Tag zu legen, der sich von akzeptierten, aber Gott entgegenstehenden Gepflogenheiten abhebt.

Im Mittelpunkt der **V. 22-25** steht die Aufforderung, „einander aufrichtig zu lieben" – und zwar als natürliches Resultat einer bewusst zugelassenen, freiwilligen Herzensveränderung (wörtl. hier als „Reinigung im Gehorsam" umschrieben; vgl. Jak 4,8; 1 Joh 3,3). Ein zentrales Kennzeichen von „einheimisch fremden" Christen in dieser Welt ist **die Liebe,** die sie zueinander haben (vgl. Joh 13,35). Diese gegenseitige, „von Herzen" kommende Liebe wird durch die geistliche Energie der bereits eingangs (V. 3) beschriebenen Neugeburt in Gläubigen hervorgerufen und ermöglicht (vgl. Jobes, *1 Peter*, 124–125).

Das im Anschluss verwendete Zitat aus Jes 40,6-8 – ursprünglich dem Volk Israel im Exil als Ermutigung zugesprochen – wird hier zu einem **kraftvollen Trost für angefochtene Christen** „in der Fremde": Der Gegenwind einer bisweilen feindlichen, nicht-christlichen Gesellschaft wird erträglicher, wenn man sich einerseits deren grundsätzlicher Vergänglichkeit bewusst ist (Vergleichspunkt: „verdorrtes Gras, verwelkte Blumen") und sich andererseits hoffnungsvoll in der eigenen, neu gewonnenen und **unvergänglichen Identität** verankert (Ursprung: „das lebendige Wort, das für immer Bestand hat").

Im Blick auf das „Liebesgebot" wird Petrus in **2,1-3** noch deutlicher: Heuchelt nicht vorneherum Liebe, während ihr hintenrum tratscht und boshaft redet! Und seid nicht eifersüchtig oder neidisch auf das, was der andere kann und hat!

Es folgt ein eindrückliches Bild: Ein Säugling kann nicht anders, als begierig nach der Muttermilch zu lechzen, die für das eigene Wachstum absolut notwendig ist. Man stelle sich nur mal die Reaktion eines Kleinkinds vor, dem man die Nahrung vorenthält! Um in den Herausforderungen des Glaubens standhaft zu bleiben, sollte auch der von Neuem geborene Christ diese natürliche Neigung entwickeln und sich ständig mit Nahrung aus dem Wort Gottes (der „unverfälschten Milch") versorgen. Gemeint ist damit übrigens nicht einfach nur: „Lies mehr in der Bibel!" oder „Hör dir sonntags eine Predigt an!" – obwohl beides sehr empfehlenswert ist! Letztlich geht es um ein **lebensveränderndes „Schmecken" der Güte Gottes** (vgl. Ps 34,9) durch sein Wort. Gott und sein Evangelium der Gnade sollten uns ständig den Mund wässrig machen!

Die mit Zitaten aus dem AT durchzogenen Abschnitte in **V. 4-10** sind durchaus komplex. Auf den Punkt gebracht scheint Petrus zu sagen (vgl. Wright, *Petrus*, 77ff): Weder der von Jesaja angekündigte Grundstein (V. 6; vgl. Jes 28,16), noch der darauf zu erbauende neue Tempel bestehen aus lebloser Materie. Jesus selbst ist der unschätzbar wertvolle **„Eckstein"** (V. 4.7; vgl. Ps 118,22) und „auf ihn" wird der neue Tempel aus „lebendigen Steinen" erbaut. Die verstreuten Briefempfänger sollten das fest in ihrem Bewusstsein verankern: Sie sind (obwohl mehrheitlich Nicht-Juden) nun auch Teil des „Wohnorts Gottes" – und in diesem Sinn **„von Gott erwähltes Volk"**, „königliche Priesterschaft", „heilige Nation" (V. 5.9-10; vgl. 2 Mo 19,5-6). Die Überzeugung, zu einer „abgesonderten Gesellschaft" zu gehören, hatte paradoxe Folgen: Sie brachte die Christen einerseits in Misskredit bei ihren heidnischen Mitbürgern und war dennoch gleichzeitig **Ermutigung und Ansporn**, ihrer hohen Berufung entsprechend ein heiliges und unverwechselbares Leben zu führen und das Evangelium der „großen Taten" Gottes weiterzusagen (vgl. Hos 2,1-3.25; Jes 43,21).

Als „einheimisch Fremde“ das Evangelium glaubwürdig verkörpern

3

1. Petrus 2,11–3,7

1. Gab es in Ihrem Leben Einschnitte, die Sie dazu zwangen, sich in einer „neuen Welt“ zurechtzufinden und neue Verhaltensweisen einzuüben? Welches waren dabei die größten Herausforderungen?

2. Häufig werden Christen als „sonderbar“ oder „komisch“ angesehen. Woran liegt das? Und sind die Gründe dafür nachvollziehbar?

3. Sind Sie schon einmal „in jemandes Fußstapfen getreten“? Was war Ihnen dabei wichtig?

EINSTIEG

(15–20 Minuten)
Wählen Sie bitte eine oder zwei Fragen aus.

BIBELTEXT

Verhaltensweisen inmitten einer „fremden“ Welt
Befreit, um Gutes zu tun

11 Liebe Freunde, ihr seid nur Gäste und Fremde in dieser Welt. Deshalb er-
mahne ich euch, den selbstsüchtigen Wünschen der menschlichen Natur
nicht nachzugeben, denn sie führen einen Krieg gegen eure Seele. 12 Ihr lebt
unter Menschen, die Gott nicht kennen. Führt darum ein vorbildliches Leben!
Sie mögen euch zwar verleumden und als Übeltäter hinstellen, doch wenn sie
all das Gute sehen, das ihr tut, lassen sie sich vielleicht eines Besseren be-
lehren und werden das dann zur Ehre Gottes auch anerkennen, wenn er am
Tag des Gerichts Rechenschaft von ihnen fordert.

Christ und Staat

13 Ordnet euch um des Herrn willen allen Institutionen unter, die in dieser
Welt Macht ausüben – sowohl dem Kaiser, der das höchste Amt bekleidet,
14 als auch den Gouverneuren, die von ihm eingesetzt sind und deren Auftrag
es ist, die Übeltäter zur Rechenschaft zu ziehen und denen die Anerkennung
auszusprechen, die tun, was gut und richtig ist. 15 Denn Gott will, dass ihr
durch ein vorbildliches Verhalten das törichte Gerede derer zum Verstummen

bringt, die euch aus Unwissenheit verleumden. [16] Ihr seid freie Menschen. Doch missbraucht eure Freiheit nicht als Deckmantel für Böses, sondern zeigt durch die Art und Weise, wie ihr mit eurer Freiheit umgeht, dass ihr Diener Gottes seid. [17] Begegnet allen Menschen mit Achtung, liebt eure Glaubensgeschwister, habt Ehrfurcht vor Gott, achtet den Kaiser!

Sklaven und Herren

[18] Ihr Sklaven, ordnet euch euren Herren unter und erweist ihnen uneingeschränkten Respekt – nicht nur den guten und freundlichen, sondern auch denen, die sich niederträchtig verhalten. [19] Es verdient nämlich Anerkennung, wenn jemand, der zu Unrecht leidet, sein Leiden geduldig erträgt, weil er entschlossen ist, Gott treu zu bleiben. [20] Oder hättet ihr irgendeinen Grund, stolz zu sein, wenn ihr wegen einer Verfehlung bestraft werdet und die Schläge standhaft ertragt? Aber wenn ihr leiden müsst, obwohl ihr Gutes tut, und dann standhaft bleibt – das findet Gottes Anerkennung, [21] denn dazu hat er euch berufen.

Auch Christus hat ja für euch gelitten und hat euch damit ein Beispiel hinterlassen. Tretet in seine Fußstapfen und folgt ihm auf dem Weg, den er euch vorangegangen ist –

[22] er, der keine Sünde beging
und über dessen Lippen nie ein unwahres Wort kam;
[23] er, der nicht mit Beschimpfungen reagierte, als er beschimpft wurde,
und nicht mit Vergeltung drohte, als er leiden musste,
sondern seine Sache dem übergab, der ein gerechter Richter ist;
[24] er, der unsere Sünden an seinem eigenen Leib ans Kreuz hinaufgetragen hat,
sodass wir jetzt den Sünden gegenüber gestorben sind
und für das leben können, was vor Gott richtig ist.

Ja, durch seine Wunden seid ihr geheilt. [25] Ihr wart umhergeirrt wie Schafe, die sich verlaufen haben; doch jetzt seid ihr zu dem zurückgekehrt, der als euer Hirte und Beschützer über euch wacht.

Ehefrauen und Ehemänner

3 [1] Nun zu euch Frauen: Ordnet euch euren Männern unter; tut es auch dann, wenn sie nicht bereit sind, auf Gottes Wort zu hören. Denn vielleicht werden gerade sie durch euer Verhalten auch ohne Worte für Christus gewonnen, [2] wenn sie sehen, dass euer Leben von der Ehrfurcht vor Gott bestimmt wird und seine Heiligkeit widerspiegelt. [3] Eure Schönheit soll nicht darin bestehen, dass ihr euer Haar aufwändig frisiert, Goldschmuck anlegt und kostspielige Kleider tragt. Das sind alles nur äußere Dinge. [4] Sie soll vielmehr von innen

kommen und ein Ausdruck eures Lebens mit Christus sein, das den Blicken der Menschen verborgen ist. Ein freundliches und ausgeglichenes Wesen ist etwas Unvergängliches und ist die Art von Schmuck, die in Gottes Augen einen unvergleichlichen Wert hat.

5 Auch die Frauen aus früherer Zeit, die ein geheiligtes Leben führten und
ihre Hoffnung auf Gott setzten, schmückten sich auf diese Weise, und dazu
gehörte für sie, dass sie sich ihren Männern unterordneten. 6 Sara zum Bei-
spiel nannte Abraham, ihren Mann, „Herr“ und brachte damit ihre Bereit-
schaft zum Ausdruck, ihm zu gehorchen. Ihr erweist euch als Saras Töchter,
wenn ihr tut, was gut und richtig ist, und euch durch keinerlei Drohung Angst
machen lasst.

7 Entsprechend gilt für euch Männer: Zeigt euch im Zusammenleben mit euren Frauen verständnisvoll und nehmt auf ihre von Natur aus schwächere Konstitution Rücksicht. Sie sind ja durch Gottes Gnade Erben des ewigen Lebens genau wie ihr. Respektiert und achtet sie also, damit der Erhörung eurer Gebete nichts im Weg steht.

BIBELGESPRÄCH

(30–40 Minuten) Wählen Sie ggf. unter den Fragen aus.

1. In den V. 11-12 geht Petrus davon aus, dass Christen von ihrem Umfeld gesehen bzw. beobachtet werden. Welcher doppelte Auftrag ergibt sich daraus für Nachfolger Jesu?

2. Beschreiben Sie anhand von V. 15 ein für Christen vorbildliches Verhalten im politisch-öffentlichen Bereich. Welchen Effekt erhofft sich Petrus von einem solchen Verhalten?

3. Inwiefern dient Jesus Christus in V. 21-25 als „Schablone“ für das christliche Leben? Welche „kreuzesförmigen“ Verhaltensweisen werden in diesem Zusammenhang genannt?

4. Was möchte Petrus in V. 25 mit dem Bild des Hirten verdeutlichen?

5. Auf welche Weise sollen Frauen und Männer in ihren ehelichen Beziehungen das Evangelium verkörpern (V. 3,1-7)?

AUSTAUSCH

(15–30 Minuten) Wählen Sie ggf. unter den Fragen aus. Sie können das Gespräch mit einem gemeinsamen Gebet abschließen.

1. In V. 11 ist von den „selbstsüchtigen Wünschen der menschlichen Natur“ die Rede. Welche Impulse und Verhaltensweisen zählen dazu? Was davon entdecken Sie in Ihrem eigenen Leben?

2. Wer heute von Christen ein heiliges, vorbildliches, an biblisch-ethischen Standards zu messendes Leben einfordert, wird schnell der „Gesetzlichkeit“ beschuldigt. Woran könnte das liegen? Und was würde Petrus dazu sagen?

3. Inwiefern kommt in den gelesenen Abschnitten zum Ausdruck, dass das christliche Leben weder abgeschottet von der Welt noch angepasst an die Welt gelebt wird? Diskutieren Sie, wie es Christen und Gemeinden in unserem säkularen Kontext gelingt, die Spannung zwischen gesellschaftszugewandtem Kontakt und gegenkulturellem Kontrast zu halten. Beschreiben und erläutern Sie die größten Gefahren dabei.

4. Welche „missionarische Strategie“ empfiehlt Petrus Christen und Gemeinden, die sich einer mehrheitlich ablehnenden Gesellschaft gegenübersehen? Haben Sie Personen vor Augen, deren Vorbehalte gegenüber dem christlichen Glauben auf diese Weise abgebaut wurden?

5. Berichten Sie von Lebensbereichen, in denen Sie persönlich besonders herausgefordert sind, die im heutigen Text geforderte „Unterordnung“ zu leben. Wie könnte das konkret aussehen und was könnte Ihnen dabei helfen?

KONKRETE SCHRITTE

Entscheiden Sie, was Sie in der kommenden Woche ganz praktisch tun wollen.

1. Bekennen Sie Gott jeden Tag eine alltägliche Situation, in der sie zu stark auf ihren eigenen Vorteil bedacht waren (vgl. 1 Petr 2,11). Bitten Sie Gott um Hilfe und kämpfen Sie bewusst gegen die entsprechenden selbstsüchtigen Denk- oder Verhaltensweisen an.

2. Was möchten Sie nach der Beschäftigung mit 1 Petr 2,11–3,7 besonders festhalten? Was möchten Sie konkret in die Praxis umsetzen – im Blick auf Ihre Einstellungen, Ihr Denken, Ihre Worte und Ihr Handeln?

Wie sollen Christen als Minderheit und „Alternativgesellschaft“ in einer nicht christlichen Welt leben? Um diese Herausforderung geht es in diesem langen Abschnitt. Petrus nimmt dabei Bezug auf ganz unterschiedliche Lebensbereiche und macht deutlich: Als „Gäste und Fremdlinge“ schätzen, würdigen und achten Christen ihre irdische Heimat, bewahren dabei aber ihre **unverwechselbare Identität** als Nachfolger Jesu, indem sie das **Evangelium glaubwürdig verkörpern** (vgl. Jobes, *1 Peter*, 166).

In **V. 11-12** beginnt Petrus sehr grundsätzlich mit einer doppelten Ermahnung – die eine negativ („den selbstsüchtigen Wünschen der menschlichen Natur *nicht* nachgeben“), die andere positiv („ein vorbildliches Leben führen“). Wir sind also einerseits aufgerufen, **selbstsüchtige Denk- und Verhaltensweisen zu vermeiden**, die dem Wesen und Willen Gottes widersprechen. Dies gilt gerade auch dann, wenn wir damit in Konflikt mit dem kulturellen Mainstream geraten und gegen den Strom schwimmen. Eben nicht: „Unter'm Strich, zähl ich.“

Gleichzeitig setzt Petrus voraus, dass es bestimmte christliche Werte, Überzeugungen und Verhaltensweisen gibt, die auch in einer säkularisierten, nicht christlichen Gesellschaft Anerkennung finden (auch wenn sie vielfach nicht gelebt werden). Es geht also darum, einen **vorbildlichen Lebensstil** an den Tag zu legen, der auch von nicht-glaubenden Menschen positiv wahrgenommen wird – in der Hoffnung, dass sie dadurch selbst einen Zugang zu Gott finden (vgl. Jesus in Mt 5,16). Doch wir sollten uns nichts vormachen: Diese positive Dynamik ist kein Automatismus. Wohlwollen und Respekt aufgrund guter Werke sowie Verleumdung und feindselige Reaktionen aufgrund unserer Andersartigkeit gehen oft Hand in Hand (vgl. dazu bspw. Apg 2,47; 5,13 mit Apg 4,1-3; 5,18).

V. 13-17 enthalten eine erste Konkretisierung des „vorbildlichen Lebens“: Petrus fordert Christen zu einer grundsätzlichen **Unterordnung unter staatliche Autoritäten** auf (V. 13), die er – selbst im Fall der nicht demokratisch legitimierten römischen Regierungsgewalt – als von Gott gegeben ansieht (vgl. Mt 22,21; Röm 13,1ff). Ihr Auftrag besteht darin, die gesellschaftliche Ordnung aufrechtzuerhalten (V. 14). Durch gesetzestreues Verhalten und durch ihr (so wörtlich in V. 15) **„Gutes-Tun“ im öffentlichen Raum** sollte jeglicher üblen Nachrede gegen Christen die Grundlage entzogen werden (angesichts der Tatsache, dass Christen damals verschiedenster gesellschaftszersetzender Verbrechen beschuldigt wurden). Petrus verbietet hier im Übrigen nicht jede Form von zivilem (und im Ausnahmefall sogar darüber hinausgehenden) Ungehorsam. Als Christen sollten wir aber in jedem Fall für unseren **respektvollen Umgang** mit staatlichen Verantwortungsträgern und Regierungsvertretern jeglicher Couleur bekannt sein – selbst wenn wir moralisch oder politisch nicht mit ihnen übereinstimmen.

Unserer heutigen gesellschaftlichen Realität gänzlich fremd ist das System der Sklaverei, auf das Petrus in **V. 18-20** Bezug nimmt. Damals war klar: Der Sklave war eines der schwächsten Glieder innerhalb der Gesellschaft. Hier fungiert er nun als **Musterbeispiel** für einen Lebensstil, der bei Gott Anerkennung findet und in einer nicht christlichen Umgebung **glaubwürdig Zeugnis für die christliche Wahrheit** ablegt (vgl. Jobes, *1 Peter*, 180ff). Um gleich die naheliegende Frage zu beantworten: Nein, Petrus geht es nicht um die zwingende Aufrechterhaltung der Sklaverei. Er verbietet auch nicht den Kampf gegen soziale Ungerechtigkeiten und er plädiert auch nicht für ein angepasstes Duckmäusertum. Der Punkt ist: Wenn wir auf Unrecht und Bosheit jeglicher Art dennoch respektvoll, liebevoll und geduldig reagieren, verkörpern wir dadurch **die Einzigartigkeit des Evangeliums** (vgl. Jesus in Lk 6,32-35). Übertragen auf heute könnte das u.a. bedeuten (vgl. McKnight, *1 Peter*, 177f): In der Ellenbogengesellschaft der Arbeitswelt sollten Christen weniger für ihr Durchsetzungsvermögen als für ihre Freundlichkeit und Güte bekannt sein, abschätzige Kommentare bei Facebook sind tabu, bei Meinungsverschiedenheiten und Konflikten in der Gemeinde ist der andere höher zu achten und wo uns aufgrund unseres Glaubens und unserer

Werte Feindseligkeit entgegenschlägt, bleiben wir selbst respektvoll und höflich.

V. 21-25: Petrus ist sich bewusst: Geduldiges Ertragen von Unrecht ist eine Herkulesaufgabe. Umso wichtiger ist ihm zu betonen: Ungerechtes Leiden ist kein unabänderliches Schicksal, dem man sich verzweifelt zu fügen hat oder ein unvorhergesehener Unfall. Ganz im Gegenteil. Ungerechtes Leiden gehört zur **Berufung** eines Christen. Warum? Weil der gekreuzigte Jesus Christus uns durch sein Leiden ein entsprechendes „Beispiel hinterlassen" hat. Der Weg Jesu (den Petrus hier anhand von Jes 53 sozusagen bis zum Kreuz nachzeichnet) dient – so wörtlich – als „Schablone" oder „Vorlage". Die Aufforderung **„in Jesu Fußstapfen zu treten"**, macht das christliche Leben also nicht in erster Linie triumphal und komfortabel, sondern **„kreuzesförmig"**: „Wenn Christen als Diener Gottes leben möchten [vgl. 2,16], dann besteht ihre wesentliche Identität in der Bereitschaft, Unrecht zu leiden – so wie Jesus das tat; im Leiden veranschaulichen sie seine Gesinnung und sein Verhalten" (Jobes, *1 Peter*, 195: Übersetzung Ph. B.). Petrus selbst musste das mühsam lernen (vgl. Mt 16,22 ff).

Nicht umsonst beendet Petrus diesen herausfordernden Abschnitt schließlich mit einer Ermutigung: Egal wie stark der gesellschaftliche Druck auch sein mag – die Fußstapfen des Leidens sind eben auch die **Fußstapfen des Guten Hirten** (V. 25). Deshalb gilt: Wer in den Fußstapfen Jesu geht, kann sich darauf verlassen, dass der Hirte den Weg kennt. Unterwegs gilt es Gegenwind auszuhalten, Unrecht geduldig zu ertragen und wer „für das leben will, was vor Gott richtig ist", den wird das etwas kosten (V. 24). Doch Christen können sicher sein, dass Jesus, ihr Hirte, sie beschützt und über sie wacht!

Über **V. 3,1-7** lässt sich leicht die Nase rümpfen: „Veraltetes Frauenbild", „unsägliche Zementierung männlicher Dominanzstrukturen" – so oder ähnlich lautet häufig das vorschnelle und oberflächliche (!) Urteil. Klar ist – die gravierenden kulturellen Unterschiede zwischen damals und heute zwingen zu einer äußerst behutsamen Übertragung. Bei allen verbleibenden Fragen ist wichtig, diese Verse als festen Bestandteil des Gesamtanliegens in diesem Abschnitt zu verstehen: Christen sollen unter den Augen einer nicht christlichen Gesellschaft ein vorbildliches Leben führen, um das Evangelium nicht in Verruf zu bringen. Die Aufforderung, Nachahmer des leidensbereiten Jesus zu sein, gilt nun also auch für den häuslichen Bereich der Ehe.

„Ordnet euch euren Männern unter" (V. 1) bedeutet in diesem Zusammenhang weder eine totale Unterwerfung der Frau, noch stellt Petrus hier rücksichtslosen und gewaltbereiten Männern einen Freifahrtschein aus. Im Blick ist v. a. eine Ehesituation, in der der Ehemann den christlichen Glauben der Frau nicht teilt. Dies führte beinahe zwangsläufig zu einer ehelichen Belastungsprobe. Denn in der damaligen Kultur wurde von der Frau grundsätzlich erwartet, der Religion des Mannes zu folgen (Jobes, *1 Peter*, 203). Ob die Ehemänner nun mit gleichgültiger Ablehnung oder feindseliger Härte auf den neuen Glauben ihrer Ehefrauen reagierten – für Petrus ist nach wie vor das evangelistische Anliegen aus 2,12 (siehe oben) bestimmend: Inmitten aller notvollen Konfrontationen soll die Frau ihrem Mann respektvoll und fürsorglich zugewandt bleiben, um ihn – auch wenn Worte kein Gehör mehr finden – durch ihr sichtbar geheiligtes Verhalten für Christus zu „gewinnen". Umgekehrt gilt das natürlich auch für Männer.

Wer bis ans Ende des Abschnitts liest, merkt: Was das eheliche Zusammenleben angeht, nimmt Petrus nicht einseitig die Frauen in die Pflicht, sondern „entsprechend" (V. 7) auch die Männer: Nicht auszuschließen ist, dass er ebenfalls Männer mit ungläubigen Ehefrauen meint. Er könnte sich aber auch (wie die hier verwendete Übersetzung andeutet) auf gläubige Ehepaare beziehen. Wie dem auch sei: In beiden Konstellationen ist es Aufgabe des Mannes, verständnis- und rücksichtsvoll mit seiner Frau umzugehen. Ein Mann, der sich selbst zurücknehmen und die Bedürfnisse seiner Frau ins Zentrum rücken kann, **verkörpert ein Jesus-gemäßes Wesen und legt so Zeugnis für das Evangelium ab.**

Als „einheimisch Fremde“ leidensbereit leben

4

1. Petrus 3,8-22

EINSTIEG

(15–20 Minuten)
Wählen Sie bitte eine oder zwei Fragen aus.

1. Auf einer Skala von 1 (sehr leicht) bis 10 (sehr schwer): Wie leicht/schwer fällt es Ihnen, nicht mit gleicher Münze zurückzuzahlen, wenn man Sie schlecht bzw. ungerecht behandelt?

2. Wurden Sie schon einmal von jemandem nach Ihrem christlichen Glauben gefragt? Was war der Auslöser dafür?

3. Sind die Menschen in unserer westlichen Welt heute im Durchschnitt weniger leidensbereit als früher? Diskutieren Sie, woran das liegen könnte. Sind Christen dabei eine Ausnahme?

4. Erinnern Sie sich an eine besonders leidvolle Situation in Ihrem Leben. Berichten Sie, was Sie in dieser Zeit ermutigt hat.

BIBELTEXT

Mit Bedrängnissen umgehen
„Vergeltet nicht Böses mit Bösem!“

8 Euch alle schließlich fordere ich dazu auf, euch ganz auf das gemeinsame
Ziel auszurichten. Seid voller Mitgefühl, liebt einander als Glaubensge-
schwister, geht barmherzig und zuvorkommend miteinander um! 9 Vergeltet
Böses nicht mit Bösem und Beschimpfungen nicht mit Beschimpfungen! Im
Gegenteil: Segnet! Denn dazu hat Gott euch berufen, damit ihr dann seinen
Segen erbt. 10 Denkt daran, dass es in der Schrift heißt:

> „Wer sich am Leben freuen und glückliche Tage sehen will,
> der gebe Acht auf seine Zunge, damit sie nichts Böses redet,
> und auf seine Lippen, damit kein unwahres Wort über sie kommt.
> 11 Er wende sich vom Bösen ab und tue, was gut ist;
> er sei auf Frieden aus und setze sich mit ganzer Kraft dafür ein.
> 12 Denn der Herr wendet sich denen zu, die seinen Willen befolgen, und hat ein offenes Ohr für ihre Bitten;
> doch wo jemand Böses tut, wendet er sich gegen ihn.“

Leiden für das Gute

13 Wenn ihr also mit unermüdlichem Eifer das tut, was gut und richtig ist, kann
euch dann überhaupt jemand etwas Böses antun? 14 Und solltet ihr trotzdem
leiden müssen – gerade weil ihr euch nach Gottes Willen richtet –, dann seid
ihr glücklich zu preisen. Habt keine Angst vor denen, die sich gegen euch
stellen, und lasst euch nicht einschüchtern! 15 Ehrt vielmehr Christus, den
Herrn, indem ihr ihm von ganzem Herzen vertraut. Und seid jederzeit bereit,
jedem Rede und Antwort zu stehen, der euch auffordert, Auskunft über die
Hoffnung zu geben, die euch erfüllt. 16 Aber tut es freundlich und mit dem ge-
botenen Respekt, immer darauf bedacht, ein gutes Gewissen zu haben. Denn
wenn ihr ein vorbildliches Leben führt, wie es eurer Zugehörigkeit zu Christus
entspricht, werden die, die euch verleumden, beschämt dastehen, weil ihre
Anschuldigungen sich als haltlos erweisen. 17 Und sollte es Gottes Wille sein,
dass jemand leiden muss, weil er Gutes tut, dann ist das auf jeden Fall bes-
ser, als wenn er leiden muss, weil er Böses tut.

Christus, der Grund unserer Hoffnung

18 Christus selbst hat ja ebenfalls gelitten, als er, der Gerechte, für die Schul-
digen starb. Er hat mit seinem Tod ein für allemal die Sünden der Menschen
gesühnt und hat damit auch euch den Zugang zu Gott eröffnet. Ja, er wurde
getötet, aber das betraf nur sein irdisches Leben, denn er wurde wieder
lebendig gemacht zu einem Leben im Geist. 19-20 Und so, zu neuem Leben er-
weckt, ging er zu den Geistern in der unsichtbaren Welt, die sich zu Noahs
Zeit gegen Gott aufgelehnt hatten und die jetzt bis zu ihrer endgültigen Ver-
urteilung gefangen gehalten werden, und verkündete ihnen seinen Sieg. Da-
mals, in den Tagen Noahs, hatte Gott in seiner Geduld mit dem Gericht ge-
wartet, bis die Arche gebaut war. Doch als dann die Flut kam, wurden nur
wenige – nicht mehr als acht Personen – in der Arche durch das Wasser hin-
durchgetragen und gerettet.

21 Das Wasser von damals war das Gegenstück zum Wasser der Taufe, und
dieses Wasser rettet jetzt euch. Denn bei der Taufe geht es nicht um etwas
Äußeres, das Abwaschen von körperlichem Schmutz. Sich taufen zu lassen
bedeutet vielmehr, Gott um ein reines Gewissen zu bitten. Und dass die Taufe
uns rettet, verdanken wir der Auferstehung von Jesus Christus, 22 der jetzt –
nachdem er in den Himmel gegangen ist – auf dem Ehrenplatz an der rech-
ten Seite Gottes sitzt und dem die Engel und alle Mächte und Gewalten un-
terstellt sind.

BIBELGESPRÄCH

(30–40 Minuten)
Wählen Sie ggf. unter den Fragen aus.

1. Welche Verhaltensweisen sollten Christen im Miteinander innerhalb der Gemeinde an den Tag legen (V. 8)? Skizzieren Sie jeweils eine konkrete Situation, in der ein solches Verhalten zum Tragen kommen könnte.

2. Worin besteht die „doppelte Berufung“ von Christen (V. 9 b)? Und wie hängen diese beiden Berufungen zusammen? Siehe hierzu auch die Erläuterungen.

3. An welche Aussagen Jesu erinnern Sie V. 9 und V. 14? Wieso sollen wir auf Böses mit Segen reagieren und Leiden als Privileg betrachten?

4. Benennen Sie missionarische Möglichkeiten, die sich aus dem hier geschilderten christlichen Lebensstil ergeben können (V. 15-16). Welche Art der Evangelisation hat Petrus hier im Blick? Zu missionarischen Strategien vgl. Kap. 3, Austausch, Frage 4.

5. Welche Bedeutung hat gerade die Geschichte von Noah (V. 19-21) für „einheimisch fremde“ Christen? Siehe dazu auch die Erläuterungen.

6. Warum ist gerade der Hinweis, dass alle Mächte und Gewalten Christus unterstellt sind (V. 22), eine starke Ermutigung für Gemeinden „unter Druck“?

AUSTAUSCH

(15–30 Minuten)
Wählen Sie ggf. unter den Fragen aus. Sie können das Gespräch mit einem gemeinsamen Gebet abschließen.

1. Warum fällt es so schwer, Böses nicht mit Bösem, sondern mit Segen zu vergelten? Siehe in Kap. 3 die Erläuterungen zu V. 21-25.

2. Beschreiben Sie Situationen, in denen Sie bisher Ablehnung oder Anfeindung aufgrund Ihres Glaubens erlebt haben.

3. Leidensbereite Christen, so Petrus, brauchen Gottesfurcht statt Menschenfurcht. Beschreiben Sie Petrus' Erfahrungen mit Menschenfurcht. Wie hat er diese Furcht abgelegt und was können wir von ihm lernen?

4. Stellen Sie sich vor, jemand bittet Sie darum, „Auskunft zu geben über die Hoffnung, die Sie erfüllt“. Was würden Sie sagen? Und was müssten wir als Christen lernen, um gegenüber Menschen, die immer weniger Berührungspunkte mit dem christlichen Glauben und der Kirche haben, „verständlicher bzw. einladender“ zu werden?

5. „[Wenn] jemand leiden muss, weil er Gutes tut, dann ist das auf jeden Fall besser, als wenn er leiden muss, weil er Böses tut“ (V. 17). – Was löst die

Aussage in Ihnen aus? Kennen Sie Menschen, die „für das Gute“ gelitten haben? Was zeichnet sie aus? Zu Prüfungen siehe in Kap. 1 die V. 6-9.

KONKRETE SCHRITTE

Entscheiden Sie, was Sie in der kommenden Woche ganz praktisch tun wollen.

1. Beten Sie in dieser Woche für eine Person in Ihrem Umfeld, von der Sie sich ungerecht behandelt fühlen, von der Sie zu Unrecht kritisiert wurden oder die schlecht über Sie geredet hat (vgl. 1 Petr 3,8-9). Wenn das möglich ist, tun Sie dieser Person bewusst etwas Gutes.

2. Was möchten Sie nach der Beschäftigung mit 1 Petr 3,8-22 besonders festhalten? Was möchten Sie konkret in die Praxis umsetzen – im Blick auf Ihre Einstellungen, Ihr Denken, Ihre Worte und Ihr Handeln?

ERLÄUTERUNGEN

„Führt darum ein vorbildliches Leben!“ – dazu hat Petrus seine Leser bereits in 2,12 aufgefordert. Dahinter steckt die Frage: **Wie leben Christen** in einer Umgebung, die auf ihren Glauben mit Unverständnis reagiert und ihnen argwöhnisch oder gar feindlich gegenübersteht? Darum geht es auch in den folgenden Abschnitten:

V. 8-9. Die hier eingangs gelisteten Verhaltensweisen beschreiben **liebevolle Beziehungen** im familiären Kontext. Der von Petrus geforderte Lebensstil soll also als „Gegenkultur“ zunächst *innerhalb* **der christlichen Gemeinde-Familie** („als Glaubensgeschwister“, V. 8) modellhaft praktiziert werden. Wenn das gelingt, werden diese gnadenorientierten Gemeinschaften für den einzelnen Christen zu einer großen Unterstützung, um auch ***außerhalb*, in einer teilweise feindseligen Umgebung mit segnendem Erdulden und nicht mit aggressiven Gegenangriffen** zu reagieren (V. 9 a). „Hierin liegt die Ironie: Christen sollen unverwechselbar sein, doch wenn wir es sind und dafür verspottet und kritisiert werden, stehen wir in der Versuchung, im Gegenzug ebenfalls Menschen zu verspotten und zu kritisieren – und dann sind wir nicht mehr unverwechselbar, weil wir uns wie alle anderen verhalten!“ (Wright, *Petrus*, 97).

Worauf sich die in V. 9 b erwähnte **„Berufung“** genau bezieht, ist nicht ganz eindeutig zu bestimmen (vgl. auch die Übersetzungsvariante in der NGÜ-Randnotiz: „Denn Gott hat euch dazu berufen, seinen Segen zu erben.“). Vermutlich verbindet Petrus hier zwei Arten von Berufung und will seinen Lesern sagen (Clowney, *1 Peter*, 142): Macht euch klar, dass ihr selbst ja dazu berufen seid, Segen zu ererben (gemeint ist laut 1,4 das „ewige Heil“ mit allem, was dazugehört). Wenn ihr euch dieser ersten Berufung sicher seid, wird euch das befähigen, eine zweite hohe Berufung auszuleben – die der **aktiv segnenden Feindesliebe** (die Jesus bereits in der Bergpredigt als Kennzeichen seiner Nachfolger genannt hat; vgl. Mt 5,44 par).

V. 10-12. Mit dem Verweis auf Psalm 34,13-17 drückt Petrus die optimistische Erwartung aus, dass sich eine demütige, nicht-rachsüchtige und Frieden suchende Lebensweise (vgl. Röm 12,18) sogar im Angesicht einer ablehnenden Gesellschaft positiv auf die **Lebensqualität** („am Leben freuen“, „glückliche Tage sehen“, V. 10) auswirkt. Dass damit allerdings nicht automatisch ein durchgängig angenehmes und komfortables Leben gemeint ist, zeigen V. 14-17! Die verheißenen „guten" oder „lebenswerten" Tage sind also nicht zwingend „problemlos". Sie sind – ungeachtet aller Umstände – dadurch „gesegnet", dass Gott sich einem Menschen zuwendet (wörtlich: seine Augen auf ihn richtet) (vgl. Goppelt, *Petrus*, 230). Diese **Zuwendung Gottes** (V. 12 a) gilt denen, die weder Böses reden noch Böses tun (V. 10 b-11) und auch unter Druck nicht Gleiches mit Gleichem vergelten (V. 9).

V. 13-15 a. Petrus ist einerseits optimistisch (V. 13): Es gibt genügend Gemeinsamkeiten zwischen dem christlichen Lebensstil und den Werten der Umgebungskultur. Wer also ein rechtschaffenes Leben führt („mit unermüdlichem Eifer das tut, was gut und richtig ist"), hat grundsätzlich keine negativen Konsequenzen zu befürchten. Daneben steht aber der „Reality Check" (V. 14-17): In einer vielfach ablehnenden Gesellschaft besteht jederzeit die reale Möglichkeit, um des Glaubens willen zu leiden (wie Petrus ja an vielen Stellen in seinem Brief andeutet). Solches Leiden ist nicht nur ein Privileg (V. 14 a: „glücklich zu preisen"; vgl. Mt 5,10-11), sondern auch eine extreme Herausforderung (V. 14 b-15 a). Deshalb macht Petrus in Anlehnung an ein Wort Gottes aus dem Mund des Propheten Jesaja deutlich (Jes 8,12-13): Um angesichts äußerer Bedrohung zu bestehen, ist entscheidend wichtig, **nicht Menschen, sondern Gott zu fürchten** (d. h. ihm „von Herzen zu vertrauen").

V. 15 b-16. Petrus rechnet hier auch mit missionarischen Möglichkeiten. Das Leben der Christen (V. 8) und ihre Bereitschaft, demütig für das Gute zu leiden (V. 14) sollte Außenstehenden zu denken geben und sie dazu bringen, nach der „Hoffnung" zu fragen, die einen solchen Lebensstil befeuert. Egal ob solches Nachfragen dann neugierig, interessiert oder aggressiv geschieht (Goppelt, *Petrus*, 237) – immer gilt es, „sprachfähig" zu sein und mit Freundlichkeit und Respekt (also: gewinnend und sicher auch weise und durchdacht!) zu antworten und den eigenen Glauben zu bezeugen. Für eine nachchristliche Umgebung, in der kaum noch ein „christlicher Grundwasserspiegel" vorhanden ist, heißt das: Wir müssen lernen, **nicht Antworten auf Fragen zu geben, die keiner stellt**. Denn die „Auskunft über die Hoffnung, die uns erfüllt" ist für unsere Mitmenschen nur dann bedeutsam und relevant, wenn wir an **ihre** Fragen, Zweifel und Überzeugungen anknüpfen und so auch manche Vorurteile und „Totschlagargumente gegen den Glauben" überwinden. Es drängt sich die Frage auf: Wie viele Christen können heute die Gründe für ihren Glauben an Christus in einer Art und Weise ausdrücken, die von (post-)modernen Zeitgenossen verstanden wird?

V. 17. „Und sollte es Gottes Wille sein, dass jemand leiden muss" – gemeint ist hier nicht, dass Gott sich sadistisch am Leiden der Gläubigen freut. Aber Petrus macht deutlich: **Es ist Gottes Wille, dass Christen ihrem Herrn treu bleiben,** auch wenn dies leidvolle Konsequenzen nach sich zieht. „Die Aussage von Petrus ist als Ermutigung gemeint. Wenn das Leiden im Willen Gottes verankert ist, untersteht es auch seiner souveränen Kontrolle (...) es liegt im Willen unseres himmlischen Vaters", der es in letzter Konsequenz vollkommen gut mit uns meint (Jobes, *1 Peter*, 233: Übersetzung Ph.B.). Geduldiges Ausharren in schwierigen Situationen ist gleichzeitig ein starkes Bekenntnis des Glaubens, das seine Wirkung auf außenstehende Beobachter entfalten wird.

Die **V. 18-22** stellen in mehrfacher Hinsicht eine **Ermutigung für die leidgeprüften Christen** in Kleinasien dar:

V. 18. Die seelsorgerliche Erfahrung zeigt: In Zeiten des Leidens schleicht sich bei Gläubigen schnell der Gedanke ein, die erfahrenen Schwierigkeiten könnten mit einem mangelhaften Glaubensleben zu tun haben, das Gott auf diese Weise „bestraft". Diesem schädlichen Missverständnis tritt Petrus auf zweifache Weise entgegen: Christus selbst hat ja gelitten – sicher kein Zeichen dafür, dass sein Leben Gott missfallen hätte. Und: Wenn Christus die Sünden der Menschen **„ein für allemal"** – also unwiderruflich und endgültig – bezahlt und damit ungehinderte Gemeinschaft mit Gott möglich gemacht hat, dann ist dem quälenden Gedanken der Boden entzogen, die aktuellen Nöte könnten v. a. eine „Strafe Gottes" sein.

Zu den **V. 19-22** hat Martin Luther eine pointierte Meinung: „Das ist ein wunderlicher Text und ein finsterer Spruch, wie es nur einen im Neuen Testament gibt, sodass ich nicht genau weiß, was Petrus hier meint." Entsprechend vielfältig sind die Auslegungsvarianten. Wir schließen uns hier dem Verständnis an, das dem NGÜ-Text zugrunde liegt: Bei den „Geistern" handelt es sich um Engel, die gegen Gott rebelliert und Noahs Zeitgenossen zum Ungehorsam angestiftet haben, was Gottes Gericht nach sich zog (vgl. NGÜ-Randnotiz mit Verweis auf 2 Petr 2,4; Jud 6 und 1 Mo 6,1-4). Auch wenn in diesem Abschnitt manches rätselhaft bleibt – recht klar ist: Petrus geht es darum, seine Leser durch die Verbindung zwischen der Noah-Story und ihrem eigenen Glaubensleben zu ermutigen. Die Christen in Kleinasien sind eine Minderheit in einer Welt, die sich gegen Gott auflehnt – wie Noah. Sie sind Anfeindungen ausgesetzt und sollen dennoch Zeugnis und Vorbild sein für Menschen, die sie bedrängen – wie Noah. Petrus will sagen: So wie Gott damals die ungehorsamen Zeitgenossen Noahs gerichtet hat, wird er auch eure Bedränger richten und ihnen ihre gerechte Strafe zuteilen (vgl. dazu auch Mt 24,37-39 par). Und wie Noah und seine Familie „in der Arche" – und damit sozusagen „auf dem Wasser" – vor dem Gericht gerettet wurden, so werdet ihr, die ihr „in Christus" seid, „durch das Wasser der Taufe" erlöst. Damit meint Petrus übrigens nicht, dass die Taufhandlung an sich wirksam ist. Vielmehr werden wir als Christen gerettet durch das, was die Taufe zum Ausdruck bringt – nämlich unsere Verbundenheit mit dem gekreuzigten und auferstandenen Jesus, der nun als oberste Autorität unser Leben bestimmt (V. 22).

5

Als „einheimisch Fremde“ ein verändertes Verhalten an den Tag legen

1. Petrus 4,1-11

EINSTIEG

(15–20 Minuten)
Wählen Sie bitte eine oder zwei Fragen aus.

1. Ist Ihnen bei einem Freund oder Bekannten schon einmal eine starke Verhaltensänderung aufgefallen? Worum ging es dabei? Wie trat sie zutage?

2. Erzählen Sie von einer Begebenheit, in der Sie in eindrücklicher Weise Gastfreundschaft erlebt haben.

3. „Er ist ein wahrer Diener!“ oder „Sie ist eine wahre Dienerin!“ Gibt es eine Person, an die Sie bei diesen Sätzen besonders denken müssen? Was zeichnet diese Person aus?

BIBELTEXT

Neues Leben – verändertes Verhalten

1 Christus hat also am eigenen Leib erfahren, was Leiden heißt. Macht euch
daher seine Einstellung zu eigen, damit ihr für alle Herausforderungen ge-
wappnet seid. Denn wer seinetwegen körperliche Schmerzen auf sich nimmt,
der hat mit der Sünde gebrochen 2 und ist entschlossen, sich in der Zeit, die
ihm hier auf der Erde noch bleibt, nicht mehr von menschlich-selbstsüchtigen
Wünschen bestimmen zu lassen, sondern vom Willen Gottes.
3 Ihr habt ja in der Vergangenheit lange genug das getan, wonach Menschen
der Sinn steht, die Gott nicht kennen. Ausschweifungen gehörten dazu, das
Ausleben eurer Begierden, Alkoholexzesse, Schlemmen und Saufen und ab-
stoßender Götzendienst. 4 Deshalb wundern sich die Leute, dass ihr bei ihrem
zügellosen Treiben nicht mehr mitmacht, und sie reden abfällig über euch.
5 Doch sie werden sich vor dem verantworten müssen, der schon bald über alle
Menschen Gericht halten wird, über die Lebenden und über die Toten.
6 Deswegen war es nämlich auch nicht umsonst, dass denen von uns, die
inzwischen gestorben sind, das Evangelium verkündet wurde. Es wurde ihnen
verkündet, damit sie jetzt nach Gottes Plan ein Leben im Geist führen kön-
nen, auch wenn sie – was ihr irdisches Leben betrifft – nach Gottes Urteil
sterben mussten, wie das bei allen Menschen der Fall ist.

Neues Leben im Licht des Endes

[7] Die Zeit, in der alles zu seinem Ziel kommt, steht nahe bevor. Seid daher
wachsam und besonnen und lasst euch durch nichts vom Beten abhalten.
[8] Vor allem aber bringt einander eine tiefe und herzliche Liebe entgegen,
denn „die Liebe“, so sagt uns die Schrift, „deckt viele Sünden zu“. [9] Seid
gastfreundlich gegenüber euren Geschwistern; nehmt sie gern und ohne zu
murren auf.
[10] Jeder soll den anderen mit der Gabe dienen, die er von Gott bekommen
hat. Wenn ihr das tut, erweist ihr euch als gute Verwalter der Gnade, die Gott
uns in so vielfältiger Weise schenkt. [11] Redet jemand im Auftrag Gottes, dann
soll er sich bewusst sein, dass es Gottes Worte sind, die er weitergibt. Übt je-
mand einen praktischen Dienst aus, soll er die Kraft in Anspruch nehmen, die
Gott ihm dafür gibt. Jede einzelne Gabe soll mit der Hilfe von Jesus Christus
so eingesetzt werden, dass Gott geehrt wird. Ihm gehören der Ruhm und die
Macht für immer und ewig. Amen.

BIBELGESPRÄCH

(30–40 Minuten) Wählen Sie ggf. unter den Fragen aus.

1. Was bedeutet es, „mit der Sünde zu brechen“ (V. 1)? Welche Rolle spielt dabei das Leiden Jesu? Siehe hierzu auch die Erläuterungen.

2. Wie beschreibt Petrus in V. 3-4 das „Vorher-Nachher“ im Leben seiner Briefempfänger (bzw. von Christen allgemein)? Worin sieht er den wesentlichen Grund für die negativen Reaktionen „der Leute“?

3. Nennen Sie Schlussfolgerungen, die Petrus aus der Lehre vom Endgericht zieht (V. 5-6). Worin liegt dabei die Ermutigung für seine Leser?

4. Benennen Sie Verhaltensweisen, die die christliche Kontrastgesellschaft laut der V. 7b-11 besonders auszeichnen sollen. Haben diese Verhaltensweisen etwas gemeinsam?

5. Was ist damit gemeint, dass „die Liebe viele Sünden zudeckt“? Warum hält Petrus das im Blick auf die Gesundheit und Stabilität einer Gemeinde für so wichtig? Siehe hierzu auch die Erläuterungen.

AUSTAUSCH

(15–30 Minuten) Wählen Sie ggf. unter den Fragen aus. Sie können das Gespräch mit einem gemeinsamen Gebet abschließen.

1. In welchen Bereichen Ihres Lebens sind nach Ihrer Hinwendung zu Jesus die stärksten Verhaltensänderungen sichtbar geworden? Inwiefern wurden Ihr Charakter oder Ihre Wertvorstellungen umgestaltet? Wird bzw. wurde das in Ihrem Umfeld wahrgenommen?

2. Haben Sie es schon einmal erlebt, dass Menschen „abfällig" über Sie geredet haben, weil Sie sich als Christ an einer bestimmten Sache nicht beteiligt haben? Beschreiben Sie solche Situationen.

3. Die Vorstellung vom „Jüngsten Gericht" wird von vielen (auch Christen!) heute als problematisch und bedrohlich empfunden. Was löst diese Botschaft in Ihnen aus? Und fallen Ihnen Gründe dafür ein, dass diese biblische Wahrheit tatsächlich eine *gute* Nachricht ist?

4. Nennen Sie Merkmale, die Ihrer Meinung nach eine gastfreundliche Gemeinde grundsätzlich auszeichnen. Würde man Ihre Gemeinde als gastfreundlich wahrnehmen? Welche konkreten Kennzeichen hat eine Gemeinde, die auch gegenüber noch-nicht-glaubenden Außenstehenden Gastfreundschaft übt?

5. Würden Sie sich (im Sinne der Definition von Petrus in V. 10-11) als „guter Verwalter" bzw. „gute Verwalterin" der Ihnen anvertrauten Gaben bezeichnen? Warum bzw. warum nicht? Wie kann uns das Evangelium dabei helfen, unsere Gaben nicht egoistisch zu gebrauchen, sondern verstärkt in den Dienst der anderen bzw. der Gemeinde zu stellen? Wie könnte das bei Ihnen konkret aussehen?

KONKRETE SCHRITTE

Entscheiden Sie, was Sie in der kommenden Woche ganz praktisch tun wollen.

1. Wer verändert leben möchte, braucht tägliche Gemeinschaft mit dem gekreuzigten und auferstandenen Jesus (siehe unten die Erläuterungen zu 1 Petr 4,1-2). Lernen Sie 2 Kor 3,18 auswendig und nehmen Sie sich diese Woche jeden Tag 15 Minuten Zeit, um mit den Augen Ihres Herzens „Jesus anzuschauen".

2. Was möchten Sie nach der Beschäftigung mit 1 Petr 4,1-11 besonders festhalten? Was möchten Sie konkret in die Praxis umsetzen – im Blick auf Ihre Einstellungen, Ihr Denken, Ihre Worte und Ihr Handeln?

Das Leben eines Christen besteht aus zwei Teilen – einer Zeit **„vor Christus“** und einer Zeit **„nach Christus“**. Zwischen dem „Vorher“ und dem „Nachher“ steht die Annahme des Evangeliums. Und dieses Evangelium hat Konsequenzen. Nachfolger Jesu legen ein **verändertes Verhalten** an den Tag – gegenüber ihrer nicht-christlichen Umgebung (V. 1-6) und innerhalb der christlichen Gemeinde (V. 7-11).

V. 1-2. Der Abschnitt beginnt mit einer Aufforderung: Macht euch die **Einstellung Jesu** zu eigen, der sich gehorsam dem Willen Gottes unterstellte und dabei bereit war, auch die leidvollen Konsequenzen zu tragen. Entsprechend gilt: Wer in diesem Leben bereit ist, für Jesus zu leiden, demonstriert dadurch, dass er sich nicht mehr „von menschlich-selbstsüchtigen Wünschen“ bestimmen lässt (vgl. 1,14), also „mit der Sünde gebrochen“ hat. Was nicht heißt, dass eine solche Person überhaupt nicht mehr sündigt. Aber die Sünde hat in ganz grundsätzlicher Weise ihre Attraktivität und Anziehungskraft verloren. Man will sich mit Nachdruck von ihr trennen – weil man überzeugt ist: **Es ist besser zu leiden, als zu sündigen** (vgl. 1,21-22).

Hinter einer solchen „Einstellungsänderung“ scheint folgende Logik zu stecken: Wer sich klarmacht, was Jesus unverdient für uns erlitten hat, der wird ihn mehr und mehr lieben. Wer mit seinem Herzen erfasst, was Jesus bereit war, für uns zu geben, der wird sich zunehmend gehorsam vom Willen Gottes bestimmen lassen und – weil Jesus es wert ist – auch die schmerzhaften Folgen und Nachteile in Kauf nehmen, die der Glaube möglicherweise mit sich bringt (vgl. unten zu V. 4). Die **Quelle eines so veränderten Lebens** ist also letztlich das **Kreuz** – in den Worten von Horatius Bonar (schottischer Pastor, 19. Jhd.): „Für einen Gläubigen liegt das Geheimnis eines heiligen Lebens darin, dass er ständig zurückkehrt (...) zu seiner täglichen Gemeinschaft mit dem gekreuzigten und auferstandenen Herrn. Alles göttliche Leben, und all seine kostbare Frucht, Vergebung, Friede und Heiligkeit, entspringen dem Kreuz (...) Wenn wir heilig sein wollen, müssen wir zum Kreuz und dort verweilen.“

V. 3-4. Das **neue Leben** von Jesus-Nachfolgern gewinnt im Rückblick Konturen: „Lange genug“ (oder: „viel zu lange“) waren die Briefempfänger einem Lebensstil gefolgt, der in weiten Teilen ihrer Kultur als normal oder „Mainstream“ galt – und sich offensichtlich nicht zuletzt durch mangelnde Selbstbeherrschung, exzessive Genusssucht und (sexuelle) Ausschweifung auszeichnete. Wer bei solch „zügellosem Treiben nicht mehr mitmacht“ und nun noch dazu dem vielgestaltigen „abstoßenden Götzendienst“ den exklusiven Anspruch des christlichen Glaubens als einzigen Weg zum Heil entgegenstellt, der gerät schnell unter Druck und entfremdet sich bis zu einem gewissen Grad von Freunden, Familie, Geschäftspartnern und Nachbarn. Das ist im 21. nicht anders als im 1. Jahrhundert. **Negative Reaktionen** können dabei von verwundertem Kopfschütteln bis hin zu abfälligem Reden (oder Schlimmerem) reichen. Angesichts dessen betont Petrus: Am Ende zählen nicht die Maßstäbe eurer Umgebung bzw. das, „wonach Menschen der Sinn steht“. Es zählen Gottes Maßstäbe. **Wer den wahren Gott kennt, lebt anders.**

In **V. 5** ermutigt Petrus seine bedrängte Leserschaft (zunächst indirekt) zu einem **Leben im Licht des göttlichen Endgerichts.** Wer sich abfällig über Christen äußert, wendet sich letztlich gegen Gott selbst und muss folglich vor dem Rechenschaft geben, der „über die Lebenden und über die Toten“ Gericht halten wird. Wahrscheinlich schwingt auch hier eine Perspektive mit, die Petrus bereits in 2,23 angedeutet hatte: Christen können und sollen hier dem Vorbild ihres leidenden Herrn folgen, der nicht mit gleicher Münze zurückzahlte, sondern das Gericht getrost Gott, dem Vater, überließ. So unpopulär eine solche Gerichtsdrohung in modernen Ohren auch klingt – die Bibel präsentiert uns weder hier noch anderswo einen Gott, „der so soft ist, dass Sünder ihn und sein Gerichtsurteil nicht fürchten müssten“ (McKnight, *1 Peter*, 231; Übersetzung Ph. B.).

V. 6 antwortet in diesem Zusammenhang wohl auf ein damals aufgekommenes **theologisches Problem:** Denn stellte nicht die Tatsache, dass nach und nach immer mehr Gläubige starben, die Wahrheit dieses göttlichen Gerichts infrage? (So etwa könnte die Befürchtung verunsicherter Christen gelautet haben [vgl. 1 Thess 4,13-18] und Ähnliches wurde unter Umständen auch von skeptischen Zeitgenossen gegen die christliche Hoffnung ins Spiel gebracht, – vgl. Clowney, *1 Peter*, 175–176.) Doch gerade „deswegen" – also: *weil* es das in V. 5 genannte Gericht gibt – wurde denen, „die inzwischen gestorben sind, das Evangelium verkündigt". Der ganze Sinn der Evangeliumspredigt besteht letztlich darin, **Menschen auf den Tag vorzubereiten, an dem sie ihrem Richter gegenüberstehen.** Weder befreit der leibliche Tod diejenigen, die das Evangelium in diesem Leben ablehnen, vom Gericht. Noch macht der Tod das Evangelium für diejenigen unwirksam, die es zu Lebzeiten im Glauben angenommen haben – sie leben jetzt „im Geist" in Gottes Gegenwart und warten auf den endgültigen Sieg Jesu bei dessen Wiederkunft (vgl. Jobes, *1 Peter*, 272–273).

V. 7 a führt diesen endzeitlichen Gedanken weiter: Das „Ende aller Dinge" (so Petrus wörtlich) „steht nahe bevor". Dass sich die Welt 2.000 Jahre später immer noch weiterdreht, hat bis heute viele zu dem voreiligen Schluss verleitet, Petrus (und Jesus! – vgl. Mk 1,15; Mt 4,17 u. a.) müsse sich geirrt haben. Aber das wäre ein Missverständnis. Petrus hebt hervor, dass Gott durch den Tod und die Auferstehung Jesu die **letzte Phase seines Heilsplanes** (und damit das Ende der Welt, wie wir sie kennen) eingeleitet hat: „The future is now" – **die Zukunft hat** sozusagen schon **begonnen**. Die logische Folge: Jesus-Nachfolger sind dazu aufgefordert, in ihrem Verhalten diese Zukunft bereits widerzuspiegeln. Während die „Welt", die ihnen das Leben so schwer macht, im Vergehen begriffen ist, soll die christliche Gemeinde bereits **die Werte und das Wesen des angebrochenen Gottesreiches verkörpern.** Wie Christen denken und handeln sollen, macht Petrus in der Folge anhand von **vier konkreten Aufforderungen** deutlich.

V. 7 b. Weil sie um die bevorstehende Erfüllung ihrer Hoffnung wissen, sollen Christen zunächst „wachsam und besonnen", man könnte auch sagen: **„klar im Kopf"** sein (vgl. auch 1,13). Interessant ist, dass diese gedankliche Nüchternheit nicht zu abwartender Passivität, sondern zu einem umso **intensiveren, aktiven Gebetsleben** motivieren soll.

Gut möglich, dass Petrus bei seiner zweiten Aufforderung in **V. 8** an die Warnung Jesu in dessen Endzeitrede denkt (Mt 24,12): Unter Druck droht auch die Liebe von Christen zu „erkalten" (vgl. Jobes, *1 Peter*, 278). Demgegenüber soll das unter zukünftigen Vorzeichen gelebte christliche Miteinander „vor allem" **von „tiefer und herzlicher Liebe" geprägt** sein (vgl. auch 1,22 und 3,8). Es geht dabei um eine bewusste und „beharrliche" Liebe (so Petrus wörtlich), die viel mehr ist als gefühlte Sympathie oder emotionale Zuneigung. Eine solche Liebe „deckt viele Sünden zu" (so bereits Spr 10,12; vgl. Jak 5,20). Was wohl konkret heißt: Als von Gott Geliebte könnt und sollt ihr **mit den Verfehlungen der anderen nachsichtig und gnädig umgehen** – und ihnen so ihr zerstörerisches Potenzial nehmen. N.T. Wright bringt es auf den Punkt: „Wenn Petrus aus Sprüche 10,12 das berühmte Sprichwort zitiert, dass ‚Liebe viele Sünden zudeckt', meinen weder er noch das Buch der Sprüche damit, dass Liebe ein ‚Verschleierungsversuch' ist, dass wir mit der Liebe also Dinge verdecken, denen wir uns lieber nicht stellen wollen. Vielmehr ist es so: Das Geschenk der Liebe, das wir uns jede Minute und jeden Tag unseres ganzen Lebens anbieten sollten, verwandelt tatsächlich Situationen, sodass die ‚vielen Sünden', die vorher vorhanden waren, aus der Gleichung herausgenommen werden. Sie sind vergeben! Wir können versöhnt sein!" (Wright, *Petrus*, 105).

Die in **V. 9** angesprochene **Gastfreundschaft** ist ein konkreter **Ausdruck dieser Liebe.** Dabei ging es zur damaligen Zeit sowohl um die Aufnahme von reisenden Mitchristen angesichts mangelnder Übernachtungsmöglichkeiten und nächtlicher Gefahren (vgl. 3 Joh 6-8; Mt 25,35) als auch um das Öffnen des eigenen Hauses für Gottesdienste und andere Formen christlicher Gemeinschaft. Das war einerseits nicht ohne Risiken. Andererseits kann man kaum überschätzen, wie bedeutsam es in einer vielfach ablehnenden Umgebung für angefochtene Christen war (und ist), solche Orte der Annahme und der Geborgenheit zu haben und gemeinsam das Leben zu teilen. Auch wenn Petrus hier primär die **Stärkung des**

gemeindlichen Miteinanders im Blick hat, ist darüber hinaus für heute wichtig: Gelebte Gastfreundschaft (d.h. die Liebe zum Fremden bzw. zu dem, der noch nicht glaubt) ist – sowohl in Privathäusern von Christen als auch in der Gemeinde – gerade in unserem nachchristlichen Kontext ein **wesentliches Element bei der Erfüllung unseres missionarischen Auftrags** (vgl. Hebr 13,1-2; Röm 12,13).

In **V. 10-11** nennt Petrus ein **viertes Kennzeichen einer christlichen Kontrastgesellschaft**. Während Menschen ihr Können und ihren Besitz natürlicherweise vielfach zur Selbstinszenierung und Selbstverwirklichung nutzen, sollen Christen auch hier ein verändertes Verhalten an den Tag legen: Sie sollen die **Gaben**, die sie (wohlgemerkt: „von Gott") empfangen haben, nicht für ihre eigenen Interessen einsetzen, sondern sie bewusst **in den Dienst der „anderen"** (bzw. der Gesamtgemeinde) stellen (V. 10; vgl. 1 Kor 12,7). Denn nur wer auf diese Weise zum Wohl seiner Mitchristen „redet" (V. 11a) oder „einen praktischen Dienst ausübt" (V. 11b) ist ein „guter Verwalter" dessen, was Gott ihm oder ihr anvertraut hat (V. 10b) – und nur so ehrt man nicht sich selbst, sondern den Gott, dem „Ruhm und Macht für immer und ewig" gehören (V. 11c). Im Übrigen scheinen die genannten „vielfachen" Gnadenerweise Gottes aus Sicht des Petrus eine göttliche Antwort auf die „vielfachen" Prüfungen der Briefempfänger zu sein, von denen in 1,6 die Rede war (Jobes, *1 Peter*, 281).

6

Als „einheimisch Fremde“ in Bewährungsproben bestehen

1. Petrus 4,12-19

EINSTIEG

(15–20 Minuten) Wählen Sie bitte eine oder zwei Fragen aus.

1. Woran müssen Sie denken, wenn Sie den Begriff „Christenverfolgung“ hören? Hatten Sie schon persönlichen Kontakt mit Menschen, die aufgrund ihres Glaubens beschimpft, diskriminiert oder verfolgt wurden?

2. Kennen Sie Menschen, die in ihrem Leben vor einer schweren Bewährungsprobe standen? Wie sah die aus – und was hat ihnen geholfen, die Bewährungsprobe zu bestehen?

3. Können Sie sich an ein Ereignis erinnern, bei dem Sie in Jubel ausgebrochen sind? Was war der konkrete Auslöser Ihrer Freude?

BIBELTEXT

Bewährungsproben

[12] Liebe Freunde, wundert euch nicht über die Nöte, die wie ein Feuersturm
über euch hereingebrochen sind und durch die euer Glaube auf die Probe
gestellt wird; denkt nicht, dass euch damit etwas Ungewöhnliches zustößt.
[13] Freut euch vielmehr, dass ihr auf diese Weise an den Leiden teilhabt, die
Christus durchmachen musste; denn dann werdet ihr, wenn er in seiner Herr-
lichkeit erscheint, erst recht von Freude und Jubel erfüllt sein. [14] Ja, wenn ihr
beschimpft werdet, weil ihr zu Christus gehört und nach seinem Namen ge-
nannt seid, seid ihr glücklich zu preisen; denn gerade dann ruht der Geist der
Herrlichkeit, der Geist Gottes, auf euch.

[15] Etwas anderes wäre es, wenn jemand von euch eine Strafe erleidet, weil
er ein Mörder, ein Dieb oder sonst ein Verbrecher ist oder weil er die Rechte
anderer missachtet. Dazu darf es natürlich nicht kommen! [16] Doch wenn je-
mand Schweres durchmacht, weil er ein Christ ist, braucht er sich deswegen
nicht zu schämen. Vielmehr soll er Gott ehren, indem er ohne Scheu dazu
steht, dass er nach dem Namen von Christus genannt ist.

[17] Denn die Zeit ist angebrochen, in der Gott Gericht hält, und er beginnt
damit bei seinem eigenen Haus. Wenn aber das Gericht an uns nur der An-
fang ist, wie wird dann erst das Ende aussehen – das Gericht an denen, die
nicht bereit sind, Gottes rettender Botschaft Glauben zu schenken? [18] Oder,
um es mit den Worten der Schrift zu sagen:

„Wenn schon der, der sich nach Gottes Willen richtet, nur mit knapper Not gerettet wird, wie wird es dann dem gottlosen und sündigen Mensch ergehen?“

19 Darum sollen die, die nach dem Willen Gottes zu leiden haben, ihr Leben
ihm anvertrauen, dem treuen Schöpfer, und sich nicht davon abbringen lassen, das zu tun, was gut und richtig ist.

BIBELGESPRÄCH

(30–40 Minuten) Wählen Sie ggf. unter den Fragen aus.

1. Warum kamen wohl die leidvollen Bewährungsproben „überraschend“ (V. 12)? Siehe dazu auch die Erläuterungen.

2. Petrus sieht in dem „notvollen Feuersturm“ einen Grund zur Freude (V. 13). Weshalb? Inwiefern sind die entsprechenden Anfeindungen ein Segen (V. 14)?

3. Wieso sieht Petrus die Gefahr, dass Christen sich für ihren Glauben schämen (V. 16)? Wozu ermutigt er stattdessen?

4. Welche Rolle spielt das Gericht in Petrus’ Einschätzung des Leidens? Was bedeutet es, dass dieses Gericht bei Gottes „eigenem Haus“ beginnt (V. 17)?

5. Warum betont Petrus, dass die Gläubigen „nach dem Willen Gottes“ leiden (V. 19)? Erinnern Sie sich an andere Stellen im NT, die deutlich machen, dass wir Gott „unser Leben anvertrauen“ können, weil er über uns wacht?

AUSTAUSCH

(15–30 Minuten) Wählen Sie ggf. unter den Fragen aus. Sie können das Gespräch mit einem gemeinsamen Gebet abschließen.

1. Kennen Sie Menschen, die gerade deshalb einen starken Eindruck auf Sie gemacht haben, weil Sie inmitten von schweren Situationen „mit Freude und Jubel erfüllt“ waren? Warum konnten sich diese Personen im Leid freuen?

2. Tragen Sie aus den in den Erläuterungen genannten Webseiten einige Fakten und Berichte über verfolgte Christen aus verschiedenen Ländern zusammen. Was machen diese Geschichten emotional mit Ihnen? Wie könnten Sie in Zukunft (persönlich oder als Gruppe) am Ergehen verfolgter Christen Anteil nehmen?

3. An welchen Stellen nehmen Sie in unserer Gesellschaft bzw. ganz persönlich ein feindseliges Klima gegenüber Christen wahr? Welche christlichen Lehren bzw. Überzeugungen werden in unserer Kultur als besonders hart,

abstoßend oder gar menschenfeindlich wahrgenommen? Stehen Sie in dieser Hinsicht in Gefahr, sich für das ein oder andere zu schämen?

4. In unserem Abschnitt wird deutlich, wovon schon in der Einführung die Rede war: „Einheimisch fremde“ Christen passen sich weder an ihre Umgebungskultur an, noch ziehen sie sich einfach passiv zurück. Wozu neigen Sie stärker? Inwiefern motiviert Sie Gottes Wort an dieser Stelle konkret gegenzusteuern?

KONKRETE SCHRITTE

Entscheiden Sie, was Sie in der kommenden Woche ganz praktisch tun wollen.

1. Informieren Sie sich im Laufe dieser Woche über drei Länder, in denen Christen starkem Druck und Verfolgung ausgesetzt sind. Beten Sie jeden Tag für die Gläubigen und die Kirchen in diesen Ländern und suchen Sie nach weiteren Wegen, um verfolgten Glaubensgeschwistern ein Segen zu sein (bspw. durch das Schreiben eines ermutigenden Briefes oder durch finanzielle Unterstützung ...).

2. Was möchten Sie nach der Beschäftigung mit 1 Petr 4,12-19 besonders festhalten? Was möchten Sie konkret in die Praxis umsetzen – im Blick auf Ihre Einstellungen, Ihr Denken, Ihre Worte und Ihr Handeln?

Gegen Ende des Briefes handelt es sich hier um eine **„gebündelte Ermutigung“** für die Gemeinde in Kleinasien, die gerade unter mancherlei Verfolgung zu leiden hat und massiv unter Druck steht. Vieles ist an anderer Stelle bereits angeklungen (vgl. 1,6-9; 2,21ff; 3,13ff; 4.5-6). Doch Petrus war offensichtlich klar: So theologisch durchdacht seine bisherigen Ermutigungen auch sein mögen – sie müssen mit Herz und Verstand erst mühsam erfasst, verinnerlicht und gelernt werden. Denn das Leben als christliche „Fremdkörper“, als an den Rand gedrängte, verfolgte Minderheit, ist extrem herausfordernd und insgesamt wahrlich kein Zuckerschlecken. Deshalb dreht er bewusst noch einmal eine Extra-Runde, um sein Anliegen zu vertiefen: Er will seinen Lesern helfen, die Bewährungsproben, denen sie sich gegenübersehen, sowohl theologisch als auch emotional richtig einzuordnen, um am Ende auch zur Ehre Gottes zu bestehen.

An dieser Stelle eine Bemerkung zur Anwendung dieses Textes: Ohne Zweifel erlebten Christen im ersten Jahrhundert Schande und Verfolgung in einem Ausmaß, das wir so im modernen Westen nicht kennen. Gleichzeitig spricht man derzeit weltweit von mindestens 245 Mio. Christen, die einem „hohen Niveau von Verfolgung“ ausgesetzt sind. Als erste Reaktion auf den vorliegenden Text wäre daher eine intensivere Anteilnahme an der Situation verfolgter Christen weltweit angemessen (bspw. anhand der Materialen, die unter www.opendoors.de, www.verfolgte-christen.org oder www.religionsfreiheit.global zur Verfügung stehen). Denn es wäre in der Tat eine Verhöhnung der massiv verfolgten Christen damals und heute, wenn wir ihre Leiden „im Namen Jesu“ allzu schnell gleichsetzen würden mit einzelnen Widerständen und Feindseligkeiten, die wir ab und an zu erdulden haben – wie bspw. Spott durch einen Arbeitskollegen, abfällige Kommentare als Reaktion auf ein Glaubensbekenntnis in den sozialen Medien oder die persönliche Entfremdung von Freunden oder Familienmitgliedern.

Aber so „ganz weit weg“ sind die hier in 1 Petr 4 geschilderten Vorgänge dann doch nicht: Die verweigerte Zulassung zu höherer Schulbildung oder gar Inhaftierung von Christen in der ehemaligen DDR liegt noch nicht sehr lange zurück; ehemalige Muslime werden nach ihrer Bekehrung zu Christus auch in Deutschland vielfach durch Familienangehörige oder Landsleute bedroht; wir erleben massiven gesellschaftspolitischen Widerstand gegenüber explizit christlich motivierten Organisationen, die sich für den Lebensschutz einsetzen und insgesamt immer weniger „Toleranz“ und ein zunehmend feindseliges Klima gegenüber anders denkenden und anders lebenden Christen. Insofern bietet unser Abschnitt dann eben doch auch sehr relevante Perspektiven für „einheimisch Fremde“, die sich solchen und ähnlichen Bewährungsproben gegenübersehen.

V. 12. Schon einmal hat Petrus mit dem Ausdruck „liebe Freunde“ den Beginn eines längeren Abschnitts markiert, hier biegt er damit sozusagen intensivierend auf die Zielgerade seines Briefes ein. Offensichtlich hatten die auftretenden Widerstände unter den Briefempfängern für eine **große Überraschung** gesorgt. Die drängende Frage lautete wohl: „Wieso müssen wir als Nachfolger Jesu derart intensiv leiden, wo wir doch mit dem auferstandenen Christus auf der Siegerseite stehen?“ Petrus antwortet mit einer recht einfachen, wenn auch nicht leicht zu akzeptierenden Wahrheit: Derartige leidvolle **Bewährungsproben** des Glaubens sind der **Normalfall** („nichts Ungewöhnliches“) im Leben eines Christen, und **nicht die überraschende Ausnahme** („wundert euch nicht“). Zwar spricht Petrus hier zunächst seelsorgerlich in aktuell bestehende Notsituationen hinein, hebt dadurch aber – wenigstens indirekt – vor allem die Notwendigkeit hervor, sich (gerade auch als Christ!) **auf dunkle Zeiten vorzubereiten,** um bei eintretenden Schwierigkeiten und Anfechtungen den negativen Überraschungseffekt zu mildern. Denn bei allen Unterschieden zur damaligen Situation lässt sich auch heute feststellen: „Manche Leute gehen naiv davon aus, dass ihnen schon nichts Schlimmes passieren wird, weil sie doch so kompetent oder diszipliniert oder anständig oder so gute Christen sind. Dergleichen ist schlechte Theologie. Und bei vielen, die von einem Leid getroffen werden, verdoppelt und verdreifacht sich das Elend durch den ungläubigen Schock, dass es ausgerechnet sie getroffen hat" (Keller, *Leid*, 243-244).

Bewährungsproben und Leiden, so Petrus in **V. 13**, müssen ganz anders interpretiert werden: Sie sind nicht Grund zu Schock, Bitterkeit oder Verzweiflung, sondern **Grund zu Freude und Jubel** (V. 13a; vgl. Mt 5,11-12a; Lk 6,22; dazu auch 1,6 und die obigen Erläuterungen zu dieser Textstelle). Um Missverständnisse zu vermeiden: Christen sollen sich nicht *am* Leiden freuen, Petrus vertritt keinen christlichen Masochismus. Doch Freude *im* Leiden ist angesagt und möglich, auch wenn gegenwärtig vieles ungerecht und schwer zu ertragen scheint. Den dazu nötigen Perspektivwechsel stößt Petrus hier an: **Freude *im* Leiden** stellt sich ein, wenn wir verstehen, dass Jesus dasselbe erduldet hat – und wir so in unseren Nöten seine „Teilhaber" werden (V. 13b). Am Ende ist aber selbst diese Freude nur ein äußerst schwacher Abklatsch der überbordenden Freude, die wir erleben werden, „wenn er in seiner Herrlichkeit erscheint" (V. 13c), um die Kinder Gottes endgültig zu erlösen und seine neue Schöpfung ins Leben zu rufen (vgl. Röm 8,18-21; McKnight, *1 Peter*, 249).

In **V. 14** geht Petrus mit seiner ermutigenden Sicht der Dinge noch einen Schritt weiter: „Beschimpfungen" sind sogar als **Segen** einzustufen! Gleiches gilt darüber hinaus dann eben auch für alle anderen Formen von Diskriminierung, Druck und Verfolgung, die damit zu tun haben, dass Menschen „zu Christus gehören und nach seinem Namen genannt sind". Wem solches widerfährt, der ist „glücklich zu preisen". Denn Gott hat die leidenden Christen keineswegs verlassen, ganz im Gegenteil: Wer für Christus leidet, kann mit der **kraftvollen Gegenwart Gottes** rechnen (vgl. dazu auch oben die Erläuterungen zu 3,18). So gesehen ist Leiden keine Bedrohung, sondern eine Verheißung (nach Clowney, *1 Peter*, 191). Dass der „Geist der Herrlichkeit" bzw. der „Geist Gottes" in besonderer Weise auf leidgeprüften Christen „ruht", könnte eine Anspielung auf Jes 11,2 sein, wo genau das im Blick auf den Messias prophezeit wird. Inmitten von Bewährungsproben liegt hier ein großer Trost: **Derselbe Geist Gottes, der dem kommenden Messias verheißen war, ruht nun auch auf den Gläubigen**, die bereit sind, für ihren Glauben Nachteile und Verfolgung in Kauf zu nehmen (Jobes, *1 Peter*, 288).

V. 15. Christen sind dazu berufen, ein vorbildliches Leben zu führen und nicht durch schlechtes bzw. verbrecherisches Verhalten die Feindseligkeit ihres Umfelds zu schüren oder gar rechtmäßige Strafen auf sich zu ziehen (vgl. 2,11-12; 3,16-17): „Dazu darf es natürlich nicht kommen!" Vermutlich schließt Petrus nicht aus, dass Christen sich des Mordes, Diebstahls oder anderer schwerer Verbrechen schuldig machen können. Doch am ehesten standen sie wohl in Gefahr „die Rechte anderer zu missachten". Ob sich – wie einige Ausleger meinen – hinter diesem Fehlverhalten das übereifrige Vorgehen gegen heidnische Praktiken oder übergriffige und manipulierende Bekehrungsversuche verbergen, ist nicht eindeutig zu bestimmen. Grundsätzlich hält Petrus aber alle Arten der grenzüberschreitenden Einmischung in fremde Angelegenheiten für inakzeptabel, weil sie den in 3,16 genannten Tugenden der „Freundlichkeit" und des „gebotenen Respekts" zuwiderlaufen. (Vgl. in Kap. 3 die Erläuterungen zu den V. 18-20.)

V. 16. In der damaligen Welt spielten Ehre und Scham eine nicht zu unterschätzende Rolle. Es gab gesellschaftliche Normen, deren Übertretung mit Verachtung und Ausgrenzung bestraft wurde. Wer sich zu Jesus bekannte, verlor seinen sozialen Status. „Ihr seid eine Schande für eure Familie und die Gesellschaft!" – so lautete häufig der Vorwurf. Petrus hält sehr bestimmt dagegen: Christ zu sein ist **definitiv kein Grund, sich „zu schämen"**. Ganz im Gegenteil: Für Christus „Schweres durchzumachen" ist eine Auszeichnung, die Christen stolz und zur Ehre Gottes „(er)tragen" sollten.

Auch die **V. 17-18** greifen einen Gedankengang auf, den Petrus bereits hat anklingen lassen (vgl. dazu auch oben die Erläuterungen zu 4,5-7): Das noch ausstehende Endgericht wirft das entscheidende Licht auf das, was gegenwärtig passiert. Das Ergebnis dieses Gerichts ist sicher: Jesus wird sein treues Volk retten und rehabilitieren (Wright, *Petrus*, 110). Ungeschönt und nachdrücklich hält Petrus aber auch fest: Das Gericht beginnt nicht bei den gottlosen Verfolgern und bösartigen Feinden des Volkes Gottes, sondern bei Gottes „eigenem Haus“ (V. 17a). Dieses Gericht (so merkwürdig das auch scheint) beginnt „schon jetzt“ in Form der in V. 12 sogenannten „Nöte, die wie ein Feuersturm über euch gekommen sind“. Selbst der, der „sich nach Gottes Willen richtet“ wird aus diesem prüfenden Gericht Gottes „nur mit knapper Not gerettet“ (V. 18a mit Bezug auf Spr 11,31; vgl. zur Funktion dieser „Feuerproben“ im AT Sach 13,9; Mal 3,1-5 sowie die Erläuterungen oben zu 1,6-9). Petrus ist hier ganz nüchtern und realistisch: Es ist eine große Herausforderung für Christen, angesichts der gegenwärtigen Bewährungsproben beharrlich bis zum Ende am Glauben festzuhalten. Dennoch bleibt er dabei: Es ist besser, jetzt in dieser Zeit manches Schwere zu erdulden, als „Gottes rettender Botschaft keinen Glauben zu schenken“ (V. 17b) und sich so langfristig nur noch größerem (ewigem) Leiden auszusetzen (V. 18b; vgl. 2 Thess 1,7-8).

V. 19 fasst letztlich eine der Kernbotschaften des 1 Petr kurz und knapp zusammen: Wie sehr auch immer Gläubige von ihrer Umgebung angefeindet werden – für Petrus steht außer Frage: **Sie erleiden all das „nach dem Willen Gottes“,** der nicht nur als ihr „treuer Schöpfer“, sondern auch als ihr liebevoller Vater (vgl. 1,17) über ihnen wacht. Deshalb sollen sie **ihm „ihr Leben anvertrauen“** (vgl. 2 Tim 1,12). Das fällt natürlich leichter, wenn die Sonne scheint und Gott uns Gutes widerfahren lässt. Schwieriger wird es vor allem dann, wenn – wie hier – dieses Leiden uns „zu Unrecht“ ereilt (vgl. 2,19) und sogar die direkte Folge dessen ist, dass wir zu Jesus gehören. Umso herausfordernder ist, dass Petrus das „Sich-Gott-Anvertrauen“ nicht nur passiv definiert – als „geduldiges Ertragen“ oder „Über-sich-ergehen-Lassen“ bis Gott dem Spuk irgendwann ein Ende macht. Vielmehr werden die Briefempfänger aufgefordert, **aktiv „zu tun, was gut und richtig“ ist.** D. h. sie sollen mit einem vorbildlichen, gottgefälligen Lebensstil das Wohl ihrer Umgebung suchen – ob das von ihrem Umfeld dann entsprechend positiv verbucht wird oder nicht (vgl. dazu auch die Erläuterungen oben zu 2,11-12). So folgen sie ihrer Berufung und dem Vorbild dessen, der diesen Weg vor ihnen (und für sie!) schon gegangen ist (vgl. 2,20b-24).

Als „einheimisch Fremde“ demütig leiten und standhaft an der Gnade festhalten

7

1. Petrus 5,1-14

1. Hirten und Schafherden begegnen uns nur noch selten. Dennoch: Was sind wohl die allerwichtigsten Eigenschaften eines Hirten?

2. Hatten Sie beruflich schon einmal eine/n richtig gute/n Vorgesetzte/n? Was hat ihn oder sie ausgezeichnet?

3. Auf einer Skala von 1 (sehr wenig) bis 10 (sehr viel): Wie sehr neigen Sie im Alltag dazu, sich Sorgen zu machen? Berichten Sie über das, worüber Sie sich tendenziell am meisten sorgen.

EINSTIEG
(15–20 Minuten)
Wählen Sie bitte eine oder zwei Fragen aus.

Anweisungen an die Gemeinde

BIBELTEXT

1 Jetzt noch ein Wort an die Gemeindeältesten unter euch. Ich bin ja selbst ein
Ältester und bin ein Zeuge der Leiden, die Christus auf sich genommen hat,
habe aber auch Anteil an der Herrlichkeit, die bei seiner Wiederkunft sichtbar
werden wird. Deshalb bitte ich euch eindringlich: 2 Sorgt für die Gemeinde
Gottes, die euch anvertraut ist, wie ein Hirte für seine Herde. Seht in der Ver-
antwortung, die ihr für sie habt, nicht eine lästige Pflicht, sondern nehmt sie
bereitwillig wahr als einen Auftrag, den Gott euch gegeben hat. Seid nicht da-
rauf aus, euch zu bereichern, sondern übt euren Dienst mit selbstloser Hin-
gabe aus. 3 Spielt euch nicht als Herren der Gemeinden auf, die Gott euch zu-
gewiesen hat, sondern seid ein Vorbild für die Herde. 4 Dann werdet ihr, wenn
der oberste Hirte erscheint, mit dem Siegeskranz unvergänglicher Herrlich-
keit gekrönt werden.
5 Entsprechend bitte ich die Jüngeren unter euch: Ordnet euch den Ältes-
ten unter! Und für euch alle gilt: Geht zuvorkommend miteinander um; kleidet
euch in Bescheidenheit! Nicht umsonst heißt es in der Schrift:
„Den Hochmütigen stellt sich Gott entgegen,
aber wer gering von sich denkt, den lässt er seine Gnade erfahren.“
6 Beugt euch also unter die starke Hand Gottes; dann wird er euch erhö-
hen, wenn die Zeit dafür gekommen ist. 7 Und legt alle eure Sorgen bei ihm
ab, denn er sorgt für euch.

8 Seid besonnen, seid wachsam! Euer Feind, der Teufel, streift umher wie
ein brüllender Löwe, immer auf der Suche nach einem Opfer, das er verschlin-
gen kann. 9 Widersteht ihm, indem ihr unbeirrt am Glauben festhaltet; ihr
wisst ja, dass die Leiden, die ihr durchmacht, genauso auch euren Geschwis-
tern in der ganzen Welt auferlegt sind.
10 Der Gott aber, der euch seine Gnade auf jede erdenkliche Weise erfah-
ren lässt und der euch durch Jesus Christus dazu berufen hat, an seiner ewi-
gen Herrlichkeit teilzuhaben, auch wenn ihr jetzt für eine kurze Zeit leiden
müsst – dieser Gott wird euch mit allem versehen, was ihr nötig habt; er
wird euch im Glauben stärken, euch Kraft verleihen und eure Füße auf festen
Boden stellen. 11 Ihm gehört die Macht für immer und ewig. Amen.

Abschließende Grüße

12 Mit der Hilfe von Silvanus, den ich als treuen Bruder schätze, habe ich euch
diesen kurzen Brief geschrieben. Ich wollte euch Mut machen und euch be-
zeugen, dass gerade in dem, was ihr durchmacht, die wahre Gnade Gottes
am Werk ist. Haltet an dieser Gnade fest!
13 Die Gemeinde hier in Babylon, die wie ihr von Gott erwählt ist, lässt euch
grüßen; ebenso grüßt euch mein Sohn Markus. 14 Grüßt einander mit einem
Kuss als Ausdruck dafür, dass ihr einander liebt. Friede sei mit euch allen, die
ihr zu Christus gehört!

BIBELGESPRÄCH

(30–40 Minuten)
Wählen Sie ggf. unter den Fragen aus.

1. Was zeichnet einen „guten Hirten“ gegenüber ungeeigneten geistlichen Leitern aus (V. 2-4)? Fallen Ihnen andere Stellen im AT und NT ein, in denen von „guten Hirten“, aber auch von „Anti-Hirten“ die Rede ist? Siehe dazu auch die Erläuterungen.

2. Beschreiben Sie anhand von V. 5 die angemessene Haltung von Gemeindegliedern gegenüber ihren Leitern. Warum ist es Petrus so wichtig, dass alle in der Gemeinde „gering von sich denken“?

3. Was meint Petrus konkret mit den beiden Aufforderungen in V. 6-7? Welcher Zusammenhang besteht zwischen diesen Aufforderungen und der Warnung vor dem Teufel (V. 8)? Siehe dazu auch die Erläuterungen.

4. Wie widersteht man, laut Petrus, dem Teufel (V. 9)?

5. Warum wählt Petrus den verschlüsselten Begriff „Babylon“ (V. 13)? Inwiefern spiegelt sich darin eine Kernaussage des Briefes? Siehe dazu auch die Erläuterungen.

1. Was macht für Sie „dienende Leiterschaft“ aus? Wo haben Sie diese bisher im Kontext der Gemeinde erlebt – oder ihr Gegenteil?

2. Wie kann man auf gesunde Weise „gering von sich denken“? Wo liegt der Unterschied zu ungesunden Minderwertigkeitskomplexen? Inwiefern hilft uns das Evangelium dabei, diese Art der Demut an den Tag zu legen?

3. Der berühmte Literaturwissenschaftler C. S. Lewis war der Meinung, dass die Menschen in zwei gegensätzliche Irrtümer über den Teufel verfallen: Entweder sie leugnen seine Existenz ganz grundsätzlich oder sie beschäftigen sich „in übermäßiger und ungesunder Weise“ mit ihm. Inwiefern ist Ihnen das eine oder das andere schon begegnet? Wie sollten wir, laut Petrus, mit dem Teufel umgehen – und wie könnte das im Alltag konkret aussehen?

4. Auf welche Weise sind Hochmut und übermäßiges Sorgen Einfallstore für den Teufel? Wie sieht dagegen Standhaftigkeit im Glauben aus? Nennen Sie konkrete Schritte, um im Alltag „an der Gnade festzuhalten“.

AUSTAUSCH

(15–30 Minuten) Wählen Sie ggf. unter den Fragen aus. Sie können das Gespräch mit einem gemeinsamen Gebet abschließen.

1. Beten Sie in dieser Woche täglich für die Leiter Ihrer Gemeinde. Bitten Sie Gott um Hingabe, Weisheit und Charakterstärke, damit die Verantwortlichen nach 1 Petr 5,1-14 gute Hirten der Gemeindeherde sein können.

2. Was möchten Sie nach der Beschäftigung mit 1 Petr 5,1-14 besonders festhalten? Was möchten Sie konkret in die Praxis umsetzen – im Blick auf Ihre Einstellungen, Ihr Denken, Ihre Worte und Ihr Handeln?

KONKRETE SCHRITTE

Entscheiden Sie, was Sie in der kommenden Woche ganz praktisch tun wollen.

Die Anweisungen des Petrus in diesem letzten Briefabschnitt betreffen die **angemessene Haltung von Leitern**, den entsprechenden **Umgang der Gemeinde mit Leitern** und die Aufforderung, in unruhigen Zeiten **wachsam** und **standhaft** zu sein. Das Ganze endet mit der starken Ermutigung, dem souveränen und allmächtigen Gott zu vertrauen. Denn Gott ist gerade in dem, was Christen leidvoll durchmachen, mit seiner Gnade am Werk.

V. 1. Damit eine Gemeinde unter gesellschaftlichem Druck überleben und gedeihen kann, braucht sie entsprechendes Führungspersonal. Deshalb richtet sich Petrus hier zunächst an die **„Gemeindeältesten"**, also die Leiter der Gemeinden in der Empfängerregion. Indem er sich hier nicht als „Fels" (vgl. Mt 16,18) bzw. „Chef-Apostel" (vgl. Apg 15,7ff; Gal 2,6ff), sondern als (wörtl.) „Mit-Ältester" vorstellt, will er ihnen wohl deutlich machen: Der Auftrag und die Funktion eines Gemeindeleiters unterscheidet sich im Wesentlichen nicht von seinem eigenen Dienst. „Wie der Apostel ‚Sorge für alle Gemeinden' trägt (2 Kor 11,28), so sind sie zuständig für die eigene Gemeinde" (Goppelt, *Petrus*, 322).

In Zeiten der Verfolgung sind Älteste und Leiter oft als Erste von Anfeindungen und Leiden betroffen. Das war damals nicht anders als im osteuropäischen Kommunismus des 20. Jhs. oder im islamischen Kontext heute. Deshalb braucht ein Verantwortungsträger in besonderer Weise den Mut, wie Petrus selbst **„Zeuge der Leiden Christi"** zu sein. Das bedeutet wohl in Anlehnung an 4,13-14, **als Vorbild** für die Gemeinde speziell **die Anfeindungen standhaft zu erdulden**, die sich daraus ergeben, dass man „zu Christus gehört". Nie verliert Petrus dabei das hoffnungsvolle Wissen um die zukünftige „Herrlichkeit" als Kraftquelle aus den Augen (vgl. 1,7).

V. 2-4. In Zeiten, in denen das Thema „Leiterschaft" in christlichen Kreisen voll im Trend liegt, lohnt an dieser Stelle ein genaueres Hinsehen: Leiter in der Gemeinde sind nicht in erster Linie „Managementexperten" und schon gar keine „kleinen Könige", – sondern **„Hirten", die für die „Herde" sorgen**, die ihnen „anvertraut ist" (V. 2a). Das Bild von Jahwe als Hirten ist im AT ein bekanntes Motiv (Ps 23; Jes 40,11; Jer 31,10 u. a.); im NT nimmt dann Jesus diese Rolle als „guter Hirte" für sich in Anspruch (Joh 10,1-16). Im Übrigen hatte Gott schon im AT versprochen, umherirrende Schafe zu suchen und für sie zu sorgen (vgl. Jes 53,56; Hes 34,11) – eine Verheißung, die sich nun durch den **„Oberhirten Jesus"** erfüllt (vgl. 2,25). Das Hirten-Motiv muss sich bei Petrus auch deshalb so tief eingebrannt haben, weil Jesus selbst ihm nach Verrat und Wiederherstellung den Auftrag gegeben hatte: „Sorge für meine Schafe!" (Joh 20,15-19). Mit anderen Worten: „Jesus, der Oberhirte, beauftragt Petrus als Unterhirte; Petrus wiederum beauftragt seine Mit-Ältesten ebenfalls als Unterhirten, die die Aufgabe haben, die Gläubigen an ihrem Ort zu weiden und zu beschützen" (Jobes, *1 Peter*, 304).

Der Hirtenberuf war damals wie heute geprägt von viel Mühe und langen Arbeitstagen. Der Hirte sucht versprengte Tiere, verbindet ihre Wunden, er schützt bei Gefahr die Herde, führt sie zu frischem Wasser und auf nahrhafte Weiden. Klar ist: Ein guter Hirte kann nur sein, wer seine Schafe liebt! Vor diesem Hintergrund präzisiert Petrus die **Eigenschaften eines guten Hirten** – und legt dabei die Messlatte hoch. Drei positive Kennzeichen eines geistlichen Leiters werden drei negativen Kennzeichen gegenübergestellt: (1) Weil die entsprechende Beauftragung durch Gott ein Vorrecht ist, sollen Leiter trotz aller Belastung eben auch leiten *wollen* – freiwillig und **„bereitwillig", statt aus einem lästigen Pflichtgefühl** heraus (V. 2b). Wie beim finanziellen Geben (vgl. den entsprechenden Ausdruck in 2 Kor 9,7) könnte man sagen: Sie sollen fröhlich leiten – und nicht aus Zwang. (2) Ein guter Hirte sollte außerdem **eine dienende Haltung der Hingabe** zum Wohl der Herde an den Tag legen und **nicht motiviert** sein **durch die Gier, sich zu bereichern** (V. 2c). „Selbstlose" Fürsorge für andere ist gefragt, nicht profitgierige Selbstfürsorge. (3) Schließlich sollten sich geistliche Leiter **nicht als „Herren der Gemeinden"** verstehen, die sich an ihrem Status und Einfluss ergötzen, **sondern** sie sollten **als jesusgemäße Vorbilder** fungieren, denen ihre Mitchristen nacheifern können (V. 3).

Die entsprechende Darstellung von **Anti-Hirten**, die die hier eingeforderte „dienende Leiterschaft" konterkarieren, findet sich übrigens schon im AT, bspw. in Hes 34,1-10. Treuen „Unterhirten" ist bei der Wiederkunft ihres „obersten Hirten" Jesus als Lohn der „Siegeskranz der Herrlichkeit" versprochen (V. 4), der (wörtl.) „unverwelklich" ist – im Gegensatz zu allen anderen irdischen Errungenschaften (vgl. 1,24).

Wenn Petrus in **V. 5** „die Jüngeren" (die hier wohl stellvertretend für alle Nicht-Ältesten unter den Gemeindegliedern stehen) zur **„Unterordnung" unter die Ältesten** auffordert, dann ist damit kein „Duckmäusertum" oder „passiver Kadavergehorsam" gemeint, sondern **die demütige Anerkennung des Leitungsauftrags der berufenen Hirten**. Denn in stürmischen Zeiten kommt eine Gemeinde in noch größere Schwierigkeiten, wenn sie ihren Leitern durch unbelehrbares und widerspenstiges Verhalten das Leben unnötig schwer macht (vgl. 1 Thess 5,12-13; Hebr 13,7). Letztlich weiß Petrus: Hochmütiger Stolz, aber auch krankhafte Minderwertigkeitskomplexe sind Gift und gefährden eine Gemeinde von innen. Wirksames Gegengift ist das Evangelium der Gnade, weil es „alle" – also sowohl die, die leiten als auch die, die geleitet werden – dazu führt, sich selbst nicht so wichtig zu nehmen und **in gesunder Weise „gering von sich zu denken"** (hier zitiert Petrus Spr 3,34). Das ist die notwendige Grundlage, um „zuvorkommend miteinander umzugehen", sich „in Bescheidenheit zu kleiden" und auf diese Weise Gottes „Gnade zu erfahren".

Im Zentrum der **V. 6-8** steht die **Warnung vor dem Teufel**, der „umherstreift, wie ein brüllender Löwe" (V. 8 b). Die damaligen Leser dachten hier wohl an einen hungrigen Löwen, der sich ein Schaf als „Opfer" sucht (vgl. oben das Bild von der Schafherde) oder sie hatten einen wilden Löwen in der römischen Arena vor Augen. Heute halten die meisten den Teufel für ein Überbleibsel eines mittelalterlichen Weltbildes – während gleichzeitig unzählige Filme von der bleibenden Faszination des Teufels und des übernatürlich Bösen zeugen. Im NT kommt der Teufel in 17 von 27 Büchern explizit vor und Petrus macht hier deutlich: Der Teufel ist eine reale Macht, ein gefährlicher „Feind" – und **deshalb gilt es, wachsam zu sein** (V. 8 a)!

Die unmittelbar vorangehenden Aufforderungen „beugt euch unter die starke Hand Gottes" (V. 6) und „legt eure Sorgen bei ihm ab" (V. 7) scheinen zunächst nichts mit der teuflischen Gefahr zu tun zu haben. Bei genauerem Hinsehen machen sie allerdings deutlich, dass unser eigenes (sündhaftes) Verhalten ein **Einfallstor für den Teufel** darstellt. Wenn wir nicht bereit sind, uns demütig vor Gott zu beugen (was hier wohl so viel heißt wie: auch schwierige Umstände und sozialen Druck als Gottes Handeln in unserem Leben anzunehmen), dann hat der Teufel seinen Fuß in unserer Tür. Und genau das ist auch der Fall, wenn wir an unseren Sorgen und Ängsten festhalten, statt sie bewusst bei Gott abzuladen (womit wir in letzter Konsequenz zum Ausdruck bringen, dass wir Gott und seiner Güte misstrauen). Der Löwe kommt sozusagen durch den Türspalt in unser Haus und wird zu einer echten Gefahr für unseren Glauben, weil unsere Beziehung zu Gott Risse bekommt. Umgekehrt gilt: Wer seinen Hochmut aufgibt (vgl. auch V. 5) und lernt, trotz Zittern und Klagen vertrauensvoll seine Sorgen bei Gott abzulegen, der legt dem Teufel das Handwerk (vgl. Jak 4,6-10).

In **V. 9-11** wird Petrus noch etwas präziser. **Wie widersteht man dem Teufel?** Indem man **„unbeirrt am Glauben festhält"** (V. 9) – d. h. dem Gott sein Vertrauen ausspricht, der uns mit „Gnade" überschüttet und „durch Jesus Christus" ewiges Leben schenkt. Gesamtbiblisch könnte man sagen: Du bestehst gegen den brüllenden Löwen, wenn du dich zu Jesus, dem wahren „Löwen aus Juda" (Offb 5,5), stellst. Der Teufel brüllt zwar noch und ist bis zur Wiederkunft Jesu auch noch gefährlich, aber Jesus hat ihn durch seinen leidvollen Tod am Kreuz bereits definitiv entmachtet (Hebr 2,14-15). Wer seinen Blick auf das Kreuz richtet, geht dem Teufel nicht auf den Leim, sondern wird in seinem vorübergehenden Leiden und Fremdsein im Glauben „gestärkt" – durch den, der hindurchträgt, weil ihm „die Macht" gehört, schon jetzt und „für immer und ewig" (V. 10-11).

V. 12-14. Ganz am Schluss erwähnt Petrus zwei seiner **Mitarbeiter**: „Silvanus" (V. 12 a) fungierte wohl als Briefüberbringer und (so deutet es die NGÜ) half Petrus eventuell auch als Sekretär bei der Abfassung (vgl. Apg 15,23.40; 16,23-24; 1 Thess 1,1 u.a.). Bei seinem „Sohn Markus" (V. 13b) handelt es sich aller Wahrscheinlichkeit nach um den mehrfach im NT erwähnten Johannes Markus (vgl. Apg 12,12; 15,36-41 u.a.), der laut frühchristlichen Quellen u.a. als Dolmetscher des Petrus fungierte und auch das Markusevangelium verfasste.

Petrus grüßt außerdem von der „Gemeinde hier in Babylon", wobei „Babylon" als verschlüsselte Bezeichnung für Rom zu verstehen ist (vgl. dazu auch oben die Einführung in den 1 Petr). „Babylon" steht aber auch für das fremde Exil, in das bereits das alttestamentliche Gottesvolk weggeführt wurde (vgl. 2 Kön 24–25; Jer 52,28-30). Mit dieser Formulierung kehrt Petrus also wohl sehr bewusst an den Anfang seines Briefes zurück, wo schon von der „Fremde" die Rede war (1,1-2). In dieser Welt sind Christen ganz grundsätzlich „einheimisch *fremd*".

Schließlich fasst Petrus hier am Ende den ganzen Brief noch einmal wunderbar zusammen (V. 12b): **Mitten in allen Bewährungsproben**, Feindseligkeiten und leidvollen Erfahrungen **„ist die wahre Gnade Gottes am Werk"**, die sich in den vielfältigen Segnungen zeigt, die im 1 Petr entfaltet und bereits in 1,3-9 als „sichere Hoffnung auf die zukünftige Herrlichkeit durch die Auferstehung Jesu" gebündelt wurden. All das gipfelt in dem entscheidenden Wunsch des Apostels für seine Leser in ihrem heidnisch-christenfeindlichen Kontext – und genauso für Jesus-Nachfolger in den Herausforderungen einer heutigen nachchristlich-säkularen Umgebung: **„Haltet an dieser Gnade fest!"**

Als „einheimisch Fremde“ aus dem Evangelium der Gnade leben

8

2. Petrus 1,1-11

1. Erzählen Sie vom kostbarsten Geschenk, das Sie jemals bekommen haben.

2. Über welche Person würden Sie sagen: „Ihn oder sie kenne ich richtig gut?“ Worin zeigt sich das?

3. Können Sie sich an eine Situation erinnern, in der Sie im wahrsten Sinne des Wortes „im Dunkeln tappten“? Beschreiben Sie diese Situation.

EINSTIEG
(15–20 Minuten)
Wählen Sie bitte eine oder zwei Fragen aus.

BIBELTEXT

Briefanfang: Absender, Empfänger und Segenswunsch

1 Simeon Petrus, Diener und Apostel Jesu Christi, an alle, die den gleichen
kostbaren Glauben empfangen haben wie wir – einen Glauben, der uns auf-
grund der Gerechtigkeit unseres Gottes und Retters Jesus Christus geschenkt
ist. 2 Ich wünsche euch, dass ihr Gott und unseren Herrn Jesus immer bes-
ser kennen lernt und dadurch in immer größerem Maß Gnade und Frieden
erfahrt.

Das Evangelium als Quelle eines gottgefälligen Lebenswandels

3 In seiner göttlichen Macht hat Jesus uns alles geschenkt, was zu einem
Leben in der Ehrfurcht vor ihm nötig ist. Wir haben es dadurch bekommen,
dass wir ihn kennen gelernt haben – ihn, der uns in seiner wunderbaren Güte
zum Glauben gerufen hat. 4 In seiner Güte hat er uns auch die größten und
kostbarsten Zusagen gegeben. Gestützt auf sie, könnt ihr dem Verderben ent-
fliehen, dem diese Welt aufgrund ihrer Begierden ausgeliefert ist, und könnt
Anteil an seiner göttlichen Natur bekommen.
5 Darum setzt alles daran, dass zu eurem Glauben Charakterfestigkeit hin-
zukommt und zur Charakterfestigkeit geistliche Erkenntnis, 6 zur Erkenntnis
Selbstbeherrschung, zur Selbstbeherrschung Standhaftigkeit, zur Standhaf-

tigkeit Ehrfurcht vor Gott, 7 zur Ehrfurcht vor Gott Liebe zu den Glaubensge-
schwistern und darüber hinaus Liebe zu allen Menschen. 8 Denn wenn das
alles bei euch vorhanden ist und ständig zunimmt, wird euer Glaube nicht
untätig und nicht unfruchtbar bleiben, und ihr werdet Jesus Christus, unse-
ren Herrn, immer besser kennen lernen. 9 Doch wer das alles nicht hat, der ist
so kurzsichtig, dass er wie ein Blinder im Dunkeln umhertappt. Ein solcher
Mensch hat vergessen, dass er vom Schmutz seiner früheren Sünden gerei-
nigt wurde.

10 Deshalb, liebe Geschwister, setzt erst recht alles daran, eure Berufung
und Erwählung durch ein entsprechendes Leben zu bestätigen. Wenn ihr das
tut, werdet ihr vor jedem Fehltritt bewahrt bleiben, 11 und der Zugang zum
ewigen Reich unseres Herrn und Retters Jesus Christus wird euch weit offen
stehen.

BIBELGESPRÄCH

(30–40 Minuten)
Wählen Sie ggf. unter den Fragen aus.

1. Welche Ressourcen nennt Petrus in den V. 3-4 als Basis für ein christliches Leben, das nicht von unguten menschlichen Begierden beherrscht, sondern auf Gottes Ziel ausgerichtet ist? Wie beschreibt Petrus dieses Ziel?

2. Erklären Sie anhand von V. 5 und V. 10 den Zusammenhang zwischen Gottes Gnadenhandeln und dem menschlichen Bemühen um einen gottgefälligen Charakter.

3. Nennen Sie „Qualitäten“ eines christlichen Lebensstils in den V. 5-7. Welche innere Haltung oder welche Art von Verhalten ist mit den einzelnen Begriffen jeweils konkret gemeint?

4. Fallen Ihnen andere Stellen im NT ein, wo positive Veränderungen im Leben eines Christen als Wachstum beschrieben werden? Worin liegen für Petrus die Hauptursachen, wenn solche Wachstumsprozesse nicht stattfinden?

5. Inwiefern kann man das Evangelium vor dem Hintergrund dieses Textabschnitts tatsächlich als A bis Z und eben nicht ABC des Glaubens bezeichnen?

AUSTAUSCH

(15–30 Minuten) Wählen Sie ggf. unter den Fragen aus. Sie können das Gespräch mit einem gemeinsamen Gebet abschließen.

1. Warum ist es Petrus offensichtlich so grundlegend wichtig, dass die Gotteserkenntnis seiner Leser zunimmt? Wann würde man sagen, dass jmd. Jesus „gut kennt“? Welche Schritte können Sie selbst gehen, um Jesus besser kennenzulernen?

2. Wie spiegelt die folgende Aussage von Charles Spurgeon (britischer Prediger, 1834–1892) den Gedankengang von Petrus in diesem Abschnitt? Haben Sie schon ähnliche Erfahrungen gemacht wie Spurgeon?

   „Als ich Gott noch als Tyrannen betrachtete, hielt ich meine Sünde für eine Bagatelle; aber als ich ihn als Vater kennenlernte, trauerte ich darüber, dass ich mich überhaupt jemals gegen ihn aufgelehnt hatte. Wenn ich das Gefühl hatte, Gott [und sein Gesetz] seien hart, da fand ich es einfach zu sündigen; aber wenn ich vor Augen hatte, wie freundlich, gütig und überfließend barmherzig Gott ist, da schlug ich mir an die Brust und dachte: ‚Wie konnte ich nur jemals gegen den rebellieren, der mich so sehr geliebt hat und mein Bestes will?‘“ (Charles Spurgeon, zitiert bei Chapell: *Holiness by Grace*, 108: Übersetzung Ph. B.).

3. Welche der in V. 5-7 genannten Tugenden ist in Ihrem Leben am wenigsten ausgeprägt? Was würde es für Sie persönlich bedeuten, „alles daranzusetzen“, um in diesem Bereich zu wachsen?

4. Noch einmal: Inwiefern wendet sich Petrus in diesem Abschnitt letztlich gegen die zwei ungesunden Extreme der „billigen Gnade“ und der „gesetzlichen Werkgerechtigkeit“? Können Sie Beispiele für das eine wie das andere benennen? Worin unterscheidet sich das Evangelium von beiden Extremen?

KONKRETE SCHRITTE

Entscheiden Sie, was Sie in der kommenden Woche ganz praktisch tun wollen.

1. Lernen Sie in dieser Woche Frage und Antwort Nr. 34 aus dem New City Katechismus auswendig (https://newcitykatechismus.de). (Vielleicht dient das als Ansporn, sich auch mit den weiteren Inhalten dieser hervorragenden Glaubenslehre zu befassen.)

   Frage 34: Müssen wir, da wir allein aus Gnade durch Christus errettet sind, immer noch gute Werke tun und Gottes Wort gehorchen?
   Unbedingt, weil Christus, der uns durch sein Blut erlöst hat, uns ebenso durch seinen Geist erneuert, auf dass unser Leben Gott gegenüber die gebührende Liebe und Dankbarkeit hervorbringt und wir durch diese Früchte in unserem Glauben gewiss werden und durch unser gottesfürchtiges Verhalten andere für Christus gewinnen.

2. Was möchten Sie nach der Beschäftigung mit 2 Petr 1,1-11 besonders festhalten? Was möchten Sie konkret in die Praxis umsetzen – im Blick auf Ihre Einstellungen, Ihr Denken, Ihre Worte und Ihr Handeln?

ERLÄUTERUNGEN

Was ist der wichtigste Antrieb für ein christliches Leben, das Gott gefällt? Wodurch werden charakterliche Veränderungsprozesse im Leben eines Jesus-Nachfolgers angestoßen und gefördert? Fragen wie diese stehen im Hintergrund des ersten größeren Abschnitts im 2 Petr. Petrus macht deutlich: Es geht nicht ohne menschliche Anstrengung, aber letztlich verändert nicht die Anstrengung das Herz, sondern das Evangelium der Gnade. Dieses Prinzip hat bereits John Newton (1725–1807) verstanden und einprägsam in seinem Lied „Amazing Grace" verewigt. Denn dort heißt es in der zweiten Strophe: „Twas *grace* that taught my heart to fear" (frei übersetzt: „Es war die Gnade, die meinem Herzen die Ehrfurcht vor Gott gelehrt hat").

V. 1-2. In der für antike Briefe üblichen Grußformel verbindet Petrus zunächst zwei Dinge: Er betont einerseits seine Autorität als „Apostel Jesu Christi" – eine Autorität, die er im weiteren Verlauf des Briefes auch vehement gegen die Gefährdung durch Irrlehrer in die Waagschale wirft. Andererseits will er sich bewusst nicht über die Adressaten erheben, bezeichnet sich daher demütig als „Diener" und macht deutlich: Selbst als Apostel stehe ich **mit allen Gläubigen auf einer Stufe**, wir alle genießen dieselben Privilegien, weil der „kostbare Glaube" ein Geschenk ist, den letztlich *alle* unverdient „empfangen".

Auch in seinem zweiten Brief bleibt Jesus der Dreh- und Angelpunkt für alles, was Petrus seinen Lesern weitergeben will. So betitelt er Jesus als „Gott und Retter" – nur selten wird im Neuen Testament die **Gottheit Jesu** in solcher Klarheit **herausgestellt**. Entsprechend besteht dann auch das zentrale Anliegen für seine Briefempfänger darin, „Gott und unseren Herrn Jesus immer besser kennenzulernen" (V. 2). Dieses **zunehmend tiefere (Er-)Kennen Gottes** bzw. des Evangeliums von Jesus Christus gehört zweifelsfrei zu den zentralen Aspekten des christlichen Lebens – da stimmt Petrus nicht nur mit Paulus (vgl. Phil 3,8.10), sondern mit Jesus selbst (vgl. Joh 17,3) völlig überein. Im Kontext dieses Briefes ist das für Petrus auch deshalb so bedeutsam, weil er sich mit Menschen auseinandersetzen muss, die sich zugunsten eines unmoralischen Lebensstils von der **wahren Gotteserkenntnis** losgesagt haben (vgl. deshalb die wiederholten Bezüge auf dieses Thema in 1,3.8 und 2,20-21).

V. 3-4. Petrus kommt gleich zur Sache: Gott hat uns dazu berufen, ein geheiligtes Leben zu führen (vgl. 1 Petr 1,15; 1 Thess 4,7) – kein leichtes Unterfangen. Umso gewaltiger erscheint die Aussage, die Petrus hier macht. Würden wir unser Leben mit einer Expedition vergleichen, könnte man sagen: Jesus stellt uns eine komplette Grundausrüstung zur Verfügung, um in unwegsamem Gelände zu bestehen. Mit anderen Worten: Er hat uns „in seiner göttlichen Macht" **mit allen erdenklichen Ressourcen ausgestattet**, die für „ein Leben in der Ehrfurcht vor ihm" nötig sind (V. 3 a). Uns ist **alles** geschenkt, was wir für ein zunehmend verändertes, heiliges, Gott wohlgefälliges Leben brauchen. Es gibt also keine Ausreden!

Vor allem auf zwei zentrale Ressourcen können wir zurückgreifen: Erstens haben Gläubige **Gott „kennen gelernt"** (V. 3 b; vgl. auch oben zu V. 2). Gemeint ist hier nicht einfach Wissen *über* Gott, sondern **„Erfahrungswissen"** – d.h. eine (sich im Laufe des christlichen Lebens vertiefende) Kenntnis des Wesens Gottes, die aus einer innigen Beziehung mit ihm hervorwächst. Zweitens hat Gott Gläubigen **„die größten und kostbarsten Zusagen"** gegeben. Vermutlich hat Petrus hier ganz allgemein alle Verheißungen Gottes im

Blick, die mit dem neuen Leben als Jesus-Nachfolger zu tun haben (vgl. speziell 1 Petr 1,3-4; 2 Petr 3,4.13). Wer auf diese Weise Gott kennt und immer besser kennenlernt (vgl. Jer 9,23) und sich auf die genannten Zusagen „stützt", der wird in der Lage sein, den zerstörerischen Impulsen („Begierden") zu „entfliehen", die unsere Gottesbeziehung torpedieren und unser Menschsein verderben. Das hat hier allerdings nichts mit feigem Weglaufen zu tun. Ganz im Gegenteil. Für „einheimisch fremde" Christen geht es um ein mutiges und entschlossenes Gegen-den-Strom-Schwimmen, weil Gott ein ganz anderes Ziel hat – nämlich dass wir **„Anteil an seiner göttlichen Natur bekommen"** (V. 4b; vgl. Wright, *Petrus*, 124). Das bedeutet nicht, dass wir im eigentlichen Sinn gottgleich werden, aber doch, dass Christus durch seinen Geist ganz real im Gläubigen „einzieht" und **seine göttlichen Wesensmerkmale uns zunehmend prägen** (vgl. Röm 8,9; Gal 2,20).

V. 5-7. „Darum" (genauer gesagt: Weil das in den Versen zuvor Entfaltete für all diejenigen gilt, die zum Glauben an Jesus gekommen sind!) fordert Petrus seine Leser nun eindringlich auf: „‚Setzt alles daran' (V. 5a; das heißt: Bemüht euch mit maximaler Entschlossenheit darum), eine christliche Lebensführung an den Tag zu legen, die die besagte ‚göttliche Natur' widerspiegelt!" Und das eben gerade nicht, um vor Gott besser dazustehen und sich seine Zuneigung zu verdienen, sondern als **Ausdruck eines durch das Evangelium veränderten Herzens.** Frei nach Dallas Willard: „Die Gnade Gottes steht nicht im Konflikt mit menschlichem Aufwand, sie steht lediglich im Gegensatz zu menschlichem Verdienst!" (Vgl. 1 Kor 15,10; Phil 2,12.)

Zur Orientierung listet Petrus einen **Katalog von Tugenden**, wie er damals auch außerhalb christlicher Kreise durchaus gebräuchlich war (vgl. Gal 5,22-23): Glaube, Charakterfestigkeit, geistliche Erkenntnis, Selbstbeherrschung, Standhaftigkeit, Ehrfurcht vor Gott, aus der die Liebe zu den Glaubensgeschwistern und schließlich die Liebe zu allen Menschen entspringt (V. 5b-7). Eine explizit christliche Prägung erhält die Liste durch das erste und die beiden letzten Elemente: „Christlicher Glaube ist die Wurzel, aus der all die genannten Tugenden hervorwachsen müssen – und die christliche Liebe ist die Krone der Tugenden, zu der alle anderen ihren Beitrag zu leisten haben" (Bauckham, *2 Peter*, 193: Übersetzung Ph. B.).

V. 8-9. Das christliche Leben wird im Neuen Testament häufig mit natürlichen Wachstumsprozessen verglichen. Folglich entstehen die in V. 5-7 genannten „Qualitäten" nicht automatisch und nicht über Nacht – sie müssen wachsen! Es ist also nicht unnormal, wenn wir in diesen Bereichen noch „Luft nach oben" haben. Dennoch bleibt es unsere Aufgabe, diese christlichen Tugenden **in einem lebenslangen Prozess zu kultivieren und zu pflegen**, damit sie „ständig zunehmen" (V. 8a). Auf diese Weise entsteht ein **fruchtbares Glaubensleben**, an dem Gott Freude hat und das überall Segensspuren hinterlässt.

Wo ein solch fruchtbarer und nach außen sichtbarer Veränderungsprozess nicht durchlaufen wird, führt Petrus das auf **Blindheit bzw. Vergesslichkeit** zurück. Wie ein hochgradig Kurzsichtiger, dem man die Brille wegnimmt, sieht eine solche Person nicht mehr klar, woher sie kommt und worauf sie eigentlich zugehen sollte (V. 9a). Geplagt von geistlicher Demenz, sagt Petrus, „hat ein solcher Mensch vergessen, dass er vom Schmutz seiner früheren Sünden gereinigt wurde" (V. 9b). Etwas vereinfacht könnte man sagen: Wenn Christen nicht im Glauben wachsen, liegt das daran, dass sie nicht (mehr) sehen und sich nicht (mehr) klar genug erinnern, was Jesus ihnen bereits geschenkt hat. Wer das Evangelium der Gnade aus den Augen bzw. dem Gedächtnis verliert, dem fehlt das entscheidende Mittel Gottes zur tiefgreifenden Herzens- und Charakterveränderung (vgl. Tit 2,11-12). Das Evangelium ist eben nicht nur der erste Schritt im Leben eines Christen, sondern umfasst sein ganzes Leben. Das Evangelium ist nicht nur ABC, sondern A bis Z des Glaubens (Timothy Keller).

V. 10-11 klären noch einmal das Verhältnis zwischen der hier durchaus betonten **menschlichen Anstrengung** („setzt alles daran") und der Tatsache, dass Gott Sünder **allein aus Gnade** beruft und erwählt. Diese Berufung „durch ein entsprechendes Leben zu bestätigen" (V. 10b) bedeutet nun gerade nicht, Gott müsse sozusagen im Nachgang davon überzeugt werden, dass man seiner Erwählung würdig sei (zur komplexen Thematik der Erwählung siehe auch oben die Erklärung zu 1 Petr 1,1-2). Aber ein **Glaube ohne die entsprechenden Auswirkungen** auf den eigenen Charakter und den alltäglichen Lebensstil ist für Petrus lediglich ein frommes Lippenbekenntnis ohne Substanz (vgl. u. a. Jak 2,14-26) – ein solcher Glaube **hat am Ende keinen Bestand** (vgl. u.a. Röm 8,12-13). Erst das veränderte Leben nach Gottes Maßstäben demonstriert nachweislich, dass die unverdiente Gnade Gottes einen Menschen tatsächlich erreicht hat und zunehmend bestimmt (vgl. Phil 2,12-13).

Es ist Petrus' größtes Anliegen, dass seine Leser **das ultimative Ziel ihrer Glaubensreise erreichen**. Wie wird das gelingen? „Wenn ihr das tut…" (V. 10 c), antwortet Petrus – und bezieht sich dabei sehr wahrscheinlich auf den gesamten vorhergehenden Abschnitt (V. 3-9). Anders gesagt: Wer sich zu Jesus bekennt, sollte das Evangelium der Gnade nicht als Freibrief für einen unmoralischen Lebenswandel *miss*brauchen (Dietrich Bonhoeffer nennt das „billige Gnade"; vgl. Röm 6,1), sondern als Ansporn und Motor für ein verändertes, heiliges Leben *ge*brauchen. Denn dann bleibt man „vor jedem Fehltritt bewahrt" (V. 10 c). Das heißt in diesem Zusammenhang sicher nicht, dass ein Jesus-Nachfolger nie mehr strauchelt, scheitert oder keine Fehler mehr macht (vgl. dazu Jak 3,2). Gemeint ist: Er wird nicht grundsätzlich vom eingeschlagenen Weg des Glaubens abkommen, sondern „Zugang zum ewigen Reich unseres Herrn und Retters Jesus" erhalten (V. 11). Petrus denkt dabei wohl an den triumphalen Einzug siegreicher Olympioniken in ihrer Heimatstadt. Im Gegensatz zu einer solchen Huldigung von Sportlern ist der Einlass in Gottes neue Welt (vgl. dazu unten Kap. 10) allerdings nicht in erster Linie Lohn für erbrachte Leistung, sondern bleibt „ein Geschenk der verschwenderischen Großzügigkeit Gottes" (Bauckham, *2 Peter*, 193).

9

Als „einheimisch Fremde“ zuversichtlich aus der Erinnerung an Gottes Wahrheit leben

2. Petrus 1,12-21

EINSTIEG

(15–20 Minuten)
Wählen Sie bitte eine oder zwei Fragen aus.

1. Wenn Sie wüssten, Sie hätten nur noch kurze Zeit zu leben – was wäre dann so wichtig, dass Sie es Ihnen nahestehenden Menschen unbedingt noch sagen würden?

2. Haben Sie in Ihrem Leben schon einmal etwas durch unzählige Wiederholungen gelernt? Erzählen Sie davon und überlegen Sie, inwiefern die andauernde Wiederholung für den Lernerfolg entscheidend war.

3. In Zeiten von „Fake News“: Woran bemessen Sie die Zuverlässigkeit einer Nachricht (in den Medien oder im persönlichen Bereich)?

BIBELTEXT

Der Ursprung und die Zuverlässigkeit der göttlichen Wahrheit

12 Daher werde ich euch immer wieder an diese Dinge erinnern, auch wenn ihr
sie bereits kennt und fest auf dem Boden der Wahrheit steht, die euch ver-
kündet wurde. 13 Aber ich halte es für richtig, euch das alles ins Gedächtnis
zu rufen und euch auf diese Weise immer wieder wachzurütteln, solange ich
noch in meinem jetzigen Körper bin, diesem Zelt, das meine irdische Bleibe
ist. 14 Ich weiß nämlich, dass mein Zelt schon bald abgebrochen wird; Jesus
Christus selbst, unser Herr, hat es mir offenbart. 15 Doch ich werde alles da-
ran setzen, dass ihr euch auch nach meinem Tod jederzeit an diese Dinge er-
innern könnt.
16 Denn wir haben uns nicht etwa auf klug ausgedachte Geschichten ge-
stützt, als wir euch ankündigten, dass Jesus Christus, unser Herr, wiederkom-
men und seine Macht offenbaren wird. Nein, wir haben seine majestätische
Größe mit eigenen Augen gesehen. 17 Wir waren nämlich dabei, als er von
Gott, dem Vater, geehrt wurde und in himmlischem Glanz erschien; wir waren
dabei, als die Stimme der höchsten Majestät zu ihm sprach und Folgendes
verkündete: „Dies ist mein geliebter Sohn; an ihm habe ich Freude.“ 18 Wir

selbst haben die Stimme gehört, als wir mit ihm auf dem heiligen Berg wa-
ren – diese Stimme, die vom Himmel kam.
[19] Darüber hinaus haben wir die Botschaft der Propheten, die durch und
durch zuverlässig ist. Ihr tut gut daran, euch an sie zu halten, denn sie ist
wie eine Lampe, die an einem dunklen Ort scheint. Haltet euch an diese Bot-
schaft, bis der Tag anbricht und das Licht des Morgensterns es in euren Her-
zen hell werden lässt.
[20] In diesem Zusammenhang ist es von größter Wichtigkeit, dass ihr Fol-
gendes bedenkt: Keine einzige prophetische Aussage der Schrift ist das Er-
gebnis eigenmächtiger Überlegungen des jeweiligen Propheten. [21] Anders
gesagt: Keine Prophetie hat je ihren Ursprung im Willen eines Menschen ge-
habt. Vielmehr haben Menschen, vom Heiligen Geist geleitet, im Auftrag Got-
tes geredet.

BIBELGESPRÄCH

(30–40 Minuten) Wählen Sie ggf. unter den Fragen aus.

1. Was macht die Aussagen des Petrus hier und im gesamten Brief so dringlich?

2. Worum geht es letztlich bei dem in V. 12-15 angesprochenen Prozess des Erinnerns? Warum müssen wir laufend an die Wahrheiten des Evangeliums erinnert werden?

3. Wie begründet Petrus seine Aussage, wonach er und die anderen Apostel nicht einfach „klug ausgedachte Geschichten“ in die Welt gesetzt haben? Wie untermauert er speziell den Wahrheitsgehalt der Lehre von der Wiederkunft Jesu (V. 16-18)?

4. Beschreiben Sie ausgehend von V. 19 den Stellenwert der Heiligen Schrift im Leben eines Christen. Wie beschreibt Petrus hier den besonderen Nutzen des Wortes Gottes?

5. Welche Aussagen macht Petrus in den V. 20-21 über die Heilige Schrift? Wie beschreibt er deren Charakter als Gotteswort und Menschenwort zugleich?

1. Petrus ermutigt hier dazu, sich durch einen Prozess des wiederholten Erinnerns das „alte Evangelium" immer wieder in Herz und Verstand einzuprägen. Denken Sie einmal kreativ darüber nach, wie solche „Wiederholungsübungen" ganz konkret in Ihrem Alltag aussehen könnten.

2. Haben Sie schon einmal an der Glaubwürdigkeit der Bibel gezweifelt? Erläutern Sie Ihre Gründe. Inwieweit trägt die Tatsache, dass es sich bei vielen neutestamentlichen Autoren um Augen- und Ohrenzeugen des Lebens und der Lehre Jesu handelt, zur Stärkung unseres Glaubens bei?

3. Inwiefern spornt uns die Überzeugung, dass Jesus in Herrlichkeit wiederkommen wird, zu einem Gott wohlgefälligen Leben an? Was fehlt, wenn wir diese Perspektive aus dem Blick verlieren?

4. Warum ist die Lehre von der Inspiration der Bibel für den christlichen Glauben so wichtig? In welcher Hinsicht wirken sich die Aussagen des Petrus in den V. 20-21 auf die Art und Weise aus, wie Sie persönlich die Bibel lesen und auf Ihr Leben anwenden?

AUSTAUSCH

(15–30 Minuten) Wählen Sie ggf. unter den Fragen aus. Sie können das Gespräch mit einem gemeinsamen Gebet abschließen. Fragen, die nicht in der Gruppe thematisiert werden, können Ihnen auch als Anstoß dienen, zu Hause den Text vertiefend zu betrachten.

1. Rufen Sie sich in dieser Woche jeden Tag einen Aspekt des Evangeliums in Erinnerung. Suchen Sie zu jedem Aspekt einen entsprechenden Bibeltext, über den Sie betend nachdenken. Notieren Sie sich jeweils, welche Auswirkungen diese Wahrheit auf Ihr Leben hat.

2. Was möchten Sie nach der Beschäftigung mit 2 Petr 1,12-21 besonders festhalten? Was möchten Sie konkret in die Praxis umsetzen – im Blick auf Ihre Einstellungen, Ihr Denken, Ihre Worte und Ihr Handeln?

____

____

____

____

KONKRETE SCHRITTE

Entscheiden Sie, was Sie in der kommenden Woche ganz praktisch tun wollen.

Unser heutiger Text macht einsichtig, warum der 2 Petr immer wieder als „Testament des Petrus" bezeichnet worden ist. Petrus hinterlässt sein **Vermächtnis** – und fokussiert sich dabei auf das, was für „einheimisch fremde" Christen angesichts seines nahe bevorstehenden Todes von höchster Wichtigkeit ist. Er zeigt mit Nachdruck, dass sich das Evangelium der Gnade nicht von einem gehorsamen, gottgefälligen Alltagsleben trennen lässt (siehe oben Kap. 8; 2 Petr 1,5-8), er sensibilisiert für die Gefährdung durch falsche Lehre *und* falsches Leben (2,1-22; siehe den Exkurs unten) und er erklärt, wie mit der Verzögerung der Wiederkunft Jesu umzugehen ist (siehe unten Kap. 10; 2 Petr 3,9). Bevor Petrus jedoch gezielter in die Auseinandersetzung mit den falschen Lehrern eintritt, macht er hier seinen vielfältig bedrängten Lesern erst einmal klar, warum sie zuversichtlich an der Wahrheit von Jesus und seiner verheißenen Wiederkunft festhalten können.

V. 12-15. Petrus hat **nicht mehr viel Zeit**. Er weiß, dass sein „Zelt schon bald abgebrochen wird" (V. 14 a) – ein offensichtlich gebräuchliches Bild für den Tod, das bereits Paulus verwendete (2 Kor 5,1). Woher kam diese **sehr konkrete Todesahnung**? „Jesus Christus selbst, unser Herr, hat es mir offenbart" (V. 14 b). Möglich, dass Petrus sich hier auf ein nicht überliefertes Wort Jesu bezieht – aber das bleibt Spekulation. Vermutlich denkt er eher an die Prophezeiung Jesu in Joh 21,18-19. Denn als Kaiser Nero in Rom den Druck auf Christen nach und nach erhöhte, war für Petrus als Leiter der christlichen Gemeinde wohl klar, dass sein von Jesus angekündigter gewaltsamer Tod nun in nicht mehr allzu ferner Zukunft lag.

Wiederholungen empfinden wir oft als ermüdend und frustrierend. Doch als Pastor und Pädagoge setzt Petrus hier ganz stark auf **die Kraft des wiederholten Erinnerns** (vgl. hier Moo, *2 Peter*, 65–66): Gleich dreimal in diesen Versen (in V. 12, 13 und 15) hebt Petrus hervor, wie bedeutsam es ist, dass seine Leser sich „immer wieder an diese Dinge erinnern" (V. 12 a). Mit „diese Dinge" meint er vor allem (aber nicht nur) die im vorherigen Abschnitt entfalteten Kernwahrheiten des Evangeliums. Erinnern war schon im AT ein wesentlicher Bestandteil der Gottesbeziehung: Das Volk Israel sollte sich kontinuierlich die zentralen Rettungs- und Heilstaten Gottes in Erinnerung rufen – nicht zuletzt durch das jährliche Passafest (vgl. u. a. 2 Mo 13,3-9; 5 Mo 7,18; Jos 4,7). Wenig überraschend formuliert dann Jesus selbst bei der Einsetzung des Abendmahls: „Tut das, um euch an mich zu erinnern!" (Lk 22,19). Und auch für Paulus war das Erinnern ein wichtiges Instrument, um im Glauben nicht vom Kurs abzukommen (vgl. u. a. Röm 15,14-15; 1 Kor 4,17; 15,1; 2 Tim 2,14). In all diesen Fällen – und auch hier bei Petrus – geht es nie um ein rein kognitiv-intellektuelles Auffrischen des Gedächtnisses. Sondern es geht darum, sich etwas Vergangenes *in seinen Auswirkungen* neu zu vergegenwärtigen – damit es jetzt **das eigene Fühlen, Denken und Handeln verändern** und prägen kann (vgl. Joh 14,26-27)! Petrus meint hier also *nicht*, man solle in der Vergangenheit leben. Er hat auch nichts gegen Neuerungen und Innovationen oder ein Gemeindeleben „am Puls der Zeit". Aber er macht eben doch deutlich: Am Ende gewährleistet nicht „das Allerneueste" die dauerhafte Gesundheit der Gemeinde und einzelner Christen. Die geistlichen Abwehrkräfte werden gerade dadurch gestärkt, dass man kontinuierlich **das „alte Evangelium" wiederholt**, es sich in Herz und Verstand einprägt und so die grundlegenden göttlichen Wahrheiten immer wieder „erinnernd" zum Leben erweckt.

Auch das, was Petrus den Briefempfängern im vorherigen Abschnitt eingeschärft hat, war für sie offensichtlich nichts Neues, es war ihnen „bereits bekannt" (V. 12 b). Dass das Evangelium notwendigerweise eine entsprechende Lebensführung zur Folge hat, war ja schon im 1 Petr Thema und wurde ihnen sicher bereits von den Missionaren beigebracht, die den christlichen Glauben ursprünglich in ihre Regionen gebracht hatten. „Kennen wir schon" oder „Wir stehen doch fest auf dem Boden der Wahrheit", so hätten seine Leser also einwenden können – und Petrus hätte zugestimmt (V. 12 c). Umso energischer klingt seine Warnung: Egal wie fest gegründet man im Glauben ist oder wie geistlich reif man zu sein glaubt – wir bleiben dennoch alle anfällig für sündhafte Verhaltensweisen und falsche Wege, die uns von Gott und seinem Evangelium wegführen. Die Kraft des Erinnerns wirkt da wie eine Art **„Defibrillator", der „wachrüttelt"** und das geistliche Leben erhält (V. 13). Entsprechend wichtig ist es für Petrus, den Gemeinden **über seinen Tod hinaus** eine *schriftliche* Erinnerung seiner apostolischen Lehre zur Verfügung zu stellen (V. 15). Damit könnte neben dem vorliegenden 2 Petr auch das Markusevangelium gemeint sein, das inhaltlich laut frühkirchlicher Überlieferung auf die Predigten des Petrus zurückgeht.

V. 16-18. Von **besonderer Dringlichkeit** ist für Petrus unter den gegenwärtigen Bedingungen die Erinnerung daran, dass „Jesus Christus, unser Herr, wiederkommen und seine Macht offenbaren wird" (V. 16 b). Denn gerade diese Wahrheit wurde von falschen Lehrern gezielt ausgehöhlt und unter Beschuss genommen (vgl. dazu 3,3-4). Außerdem motiviert gerade die Lehre von der Wiederkunft Jesu zum Heil und zum Gericht besonders stark zu einem gottgefälligen Leben.

Petrus besteht darauf, dass diese Botschaft **kein Märchen** (also keine „klug ausgedachte Geschichte") ist (V. 16 a). Als Beweis hat er etwas vorzubringen, was bis heute vor jedem Gericht eine große Bedeutung hat – einen **Augenzeugenbericht.** Denn schließlich war er gemeinsam mit seinen Apostelkollegen Johannes und Jakobus bereits Zeuge der sog. **„Verklärung Jesu"** gewesen, als Jesus auf einem Berg „von Gott, dem Vater, geehrt wurde" und „in himmlischem Glanz erschien" (V. 16 c-17 a; vgl. dazu Mt 17,1-8 par). Bei dieser Erscheinung, so Petrus, handelte es sich um eine Art **„Sneak Preview"** (also eine „Vorpremiere") der mächtigen Wiederkunft Jesu am Ende der Weltgeschichte. (Bereits die Andeutung Jesu im Vorfeld der Verklärung legt nahe, dass diese Erscheinung als Vorbote eines größeren Ereignisses gedeutet werden muss; vgl. Mt 16,28 par.) Um **die Glaubwürdigkeit des zweiten Kommens Jesu** zu untermauern, konnte Petrus letztlich etwas vorweisen, was keiner seiner Widersacher anzubieten hatte. Er hatte *schon einmal* mit eigenen Augen gesehen wie Jesus als majestätischer König in voller Herrlichkeit offenbart wurde und *schon einmal* mit eigenen Ohren aus dem Himmel gehört, dass Jesus tatsächlich der Sohn Gottes ist (V. 17 b-18). Das gab ihm die unüberbietbare Zuversicht, dass der göttliche Königssohn ein weiteres Mal kommen würde, um sein Reich in vollendeter Form aufzurichten (vgl. Moo, *2 Peter*, 75).

Fragen wir also angesichts kritischer Einwände nach **tragfähigen Fundamenten für unseren Glauben,** gibt Petrus hier eine wichtige Antwort: Wahrheiten über Jesus, die von glaubwürdigen Augenzeugen weitergegeben werden, beanspruchen zu Recht Autorität und verdienen Vertrauen. Darin stimmt er mit anderen bedeutsamen Leitern der frühen Kirche wie Paulus (vgl. 1 Kor 15,3-8) oder Johannes (vgl. 1 Joh 1,1) völlig überein.

Die in **V. 19** erwähnte „Botschaft der Propheten" stellt eine zweite glaubwürdige Quelle der Autorität dar – wobei Petrus sich wohl auf die generelle alttestamentliche Erwartung bezieht, dass ein zukünftiger Messias am Ende der Zeit sein Königreich aufrichtet. Der ursprüngliche Wortlaut dieses Verses lässt hier Raum für mehrere Deutungen: Entweder Petrus will sagen, dass die Glaubwürdigkeit seiner eigenen Augenzeugen-Erfahrung sogar noch von der Zuverlässigkeit der Heiligen Schrift übertroffen wird (im Sinne von: „Wenn ihr mir nicht glaubt, dann schaut in die prophetischen Schriften!") – oder er betrachtet die Erlebnisse auf dem Berg der Verklärung als weitere starke Bestätigung dafür, dass die alttestamentlichen Zukunftsaussagen auch tatsächlich eintreffen werden.

Wie dem auch sei, die Kernaussage ist eindeutig: Weil die prophetische Botschaft (und davon abgeleitet die Heilige Schrift allgemein) absolut zuverlässig ist, „tut ihr gut daran, euch an sie zu halten". Wer auf seiner Glaubensreise nicht „im Dunkeln tappen" und sicher ans Ziel kommen will, sollte sich unterwegs umfassend vom Wort Gottes bestimmen lassen, das einem den Weg ausleuchtet (vgl. Ps 119,105: „Dein Wort (...) ist ein Licht auf meinem Weg"). Oder anders gesagt: „Einheimisch fremde" Jesus-Nachfolger leben in einem herausfordernden nicht-christlichen Umfeld dem „anbrechenden Tag" entgegen (vgl. u. a. 2 Kor 1,14), an dem „das Licht des Morgensterns es in euren Herzen hell werden lässt" – ein weiterer Hinweis darauf, dass Christus definitiv wiederkommen wird und im Zuge dessen die Kinder Gottes endgültig in sein Bild umgestaltet (vgl.

dazu 4 Mo 24,17; Offb 22,16 bzw. 1 Joh 3,2). Bis dieses Ziel erreicht ist, bietet allein die Schrift der gesamten christlichen Kirche und einzelnen Gläubigen sichere Orientierung und hilft, im Stimmengewirr unterschiedlichster theologischer und ethischer Überzeugungen zwischen richtig und falsch zu unterscheiden.

Die **V. 20-21** liefern quasi nachträglich die **Begründung für die Autorität der Heiligen Schrift** (die damals natürlich nur die Bücher des AT umfasste, heute nun aber auch auf das NT übertragen werden muss): Petrus identifiziert Gott selbst als Ursprung und Quelle der Schrift. Die menschlichen Autoren (hier: „die jeweiligen Propheten") haben **nicht „eigenmächtig"** und willkürlich eigene Gedanken und Ideen fabriziert (V. 20), sondern sie geben wieder, was Gott selbst zu sagen hat (V. 21; vgl. dazu auch die Unterschiede zwischen wahrer und falscher Prophetie in Jer 1,9 bzw. Jer 23,16 und Hes 13,3).

Natürlich hätte uns brennend interessiert, wie diese „vom Heiligen Geist geleitete" Inspiration (so der theologische Fachbegriff; vgl. 2 Tim 3,16) genau vor sich ging und wie sich die menschlichen Autoren dabei gefühlt haben. Doch das erklärt Petrus uns nicht. Aber er verwendet hier für das vom Heiligen Geist geleitete Reden der menschlichen Propheten das gleiche Verb, mit dem er in V. 17-18 die göttliche Stimme beschreibt, die vom Himmel „kam" – und macht damit deutlich: Das Wort der Propheten ist identisch mit dem Wort Gottes. Außerdem bemüht er wohl bewusst ein Bild aus der Seefahrt (vgl. Apg 27,15.17, wo das hier verwendete Verb ebenfalls vorkommt): Die biblischen Autoren hissten sozusagen ihre Segel, die der Heilige Geist mit Wind füllte, um sie (gedanklich) in die von Gott beabsichtigte Richtung zu lenken. Dabei nutzte er die Sprache, die Fähigkeiten und die Persönlichkeit der biblischen Propheten und Schriftsteller, um das reden und niederschreiben zu lassen, was Gott gesagt haben wollte (vgl. Moo, *2 Peter*, 79). Dieses Verständnis der **Inspiration und Wahrheit der von Gott durch Menschen gegebenen Heiligen Schrift** war und ist ein unverzichtbarer Bestandteil des christlichen Glaubens.

Einschub: Warnung vor Irrlehre

2. Petrus 2,1-22

Die Gefährdung der Gemeinde durch Irrlehrer (2,1-9)

2 Petr 2 ist eines der „dunkleren" Kapitel des NT, das wir nur ungern an uns heranlassen (vgl. die Parallelen in Judas 3-16). Petrus verdeutlicht, dass die „einheimisch fremde" Gemeinde nicht nur äußerlich unter Druck steht, sondern auch von innen bedroht ist. Beide Bedrohungen sind sehr ernst zu nehmen – das ist für Petrus keine Frage! Entsprechend nachdrücklich warnt er vor „falschen Lehrern", die „sektiererische Lehren in Umlauf bringen" und dabei sogar so weit gehen, sich von Jesus loszusagen, „der sie sich zum Eigentum erkauft hat" (V. 1). „Das Evangelium macht frei!" war wohl ihre Kernüberzeugung (vgl. 2,19). Dies hatte in der Praxis einen höchst unmoralischen Lebensstil zur Folge – Petrus spricht von einem „ausschweifenden Leben", von „Habgier" und „raffinierten Lügen" (V. 2-3). Sie verstanden nicht (oder wollten nicht verstehen), dass die tatsächlich durch das Evangelium bewirkte Freiheit *keine Freiheit von* allen göttlichen Maßstäben bedeutet, sondern *eine Freiheit zu* **einem heiligen Lebensstil**, der Gott gefällt (vgl. dazu auch 1 Kor 6,12-20; laut 1 Petr 2,16 sind Jesus-Nachfolger zwar „freie Menschen", aber eben auch „Diener [wörtl. Sklaven] Gottes").

Die Sorge von Petrus ist begründet. Denn das Leben dieser „falschen Lehrer" ist hoch infektiös. Sie ermutigen andere, ihnen zu folgen, entsprechend groß ist die Ansteckungsgefahr und viele lassen sich auch „zur Nachahmung verleiten" (V. 2). Doch gottloser Lebensstil hat Konsequenzen. Ein Blick ins AT zeigt, dass Gott derartige Zügellosigkeit und gottloses Handeln nicht auf die leichte Schulter nimmt und einfach in Liebe zudeckt. Gott richtet Unmoral! Das zeigt Petrus durch die negativen Beispiele aus dem AT: die gefallenen Engel in 1 Mo 6,1-4, die Zeitgenossen Noahs in 1 Mo 6,5 ff und die Bewohner Sodoms und Gomorras in 1 Mo 19 (V. 4-8). Als positive Beispiele beschreibt Petrus Noah und Lot, die sich vom schändlichen Verhalten ihrer Umgebung nicht mitreißen ließen, sondern sich „nach Gottes Willen richtete[n]". Darin liegt die große Ermutigung für Christen, deren Glaube damals wie heute auch durch falsche Lehre und die daraus entspringende gottlose Lebensgestaltung gefährdet ist: Gott wird derartige Verirrungen richten, aber – wie bei Noah und Lot (vgl. 1 Mo 7,7; 8,18 und 19,12-29) – „diejenigen, die ihn ehren, sehr wohl retten“ (V. 9). Diese ernste Erinnerung ist wichtig – und hilft dabei, trotz länger anhaltendem Druck und Gegenwind (vgl. V. 8), nicht auf falsche Wege abzubiegen.

Die Verkommenheit der Irrlehrer (2,10-22)

„Es gibt dort draußen [auch im Raum christlicher Kirchen!] ziemlich gefährliche Leute, und man muss lernen, sie zu erkennen“ (Wright, *Petrus*, 136). Das scheint der Grund zu sein, dass Petrus hier ausführlich die moralische Verkommenheit der „falschen Lehrer“ beschreibt. Zu ihren hervorstechenden Merkmalen zählen ihre Selbstherrlichkeit und Arroganz (V. 10-12) sowie ihre übersteigerte Gier nach Essen, Alkohol, Sex und finanziellem Gewinn (V. 13-16 – vgl. den Rückbezug auf 4 Mo 21–35). Denjenigen, die versucht sind, ihrem Irrweg zu folgen, stellen sie „ein ausschweifendes Leben in Aussicht (...), das die Begierde der menschlichen Natur befriedigt“ (V. 18). Das Ganze geschieht (wie wir bereits gesehen haben) unter dem Deckmantel einer vermeintlichen christlichen Freiheit. Doch Petrus argumentiert, dass diese vermeintlich erstrebenswerte Freiheit von allen Zwängen in Wahrheit ein Versklavtsein an die Verdorbenheit ist, die einen im Griff hat und gefangen hält (V. 19). Auch heute ist „Freiheit“ einer unserer wichtigsten gesellschaftlichen Werte. Deshalb sollten wir vor dem Hintergrund von Petrus’ Worten intensiv darüber nachdenken, was es bedeutet, wenn Jesus sagt: „Wenn euch nun der Sohn frei macht, so seid ihr wirklich frei“ (Joh 8,36). (Eine exzellente Entfaltung dieses Themas findet sich in Kap. 5 bei Keller, *Glauben wozu?*, 128–152.)

Angetrieben von seinem pastoralen Herzschlag ist Petrus sehr um das geistliche Wohlergehen der Empfängergemeinden besorgt. Deshalb warnt er derart eindringlich vor der realen Gefahr, den bereits eingeschlagenen Weg des Glaubens wieder zu verlassen und zu dem „schändlichen Treiben dieser Welt“ zurückzukehren (wie das die falschen Lehrer vorleben und wozu sie andere verleiten, V. 20). Es gilt, an der „heiligen Lehre“ und dem daraus folgenden Jesus-gemäßen Lebensstil festzuhalten, wenn man nicht mit einem Hund verglichen werden will, der sich an seinem eigenen Erbrochenen gütlich tut (vgl. Spr 26,11) oder einem gewaschenen Schwein, das sich erneut im Dreck wälzt (V. 21-22). Für uns heutige Leser gilt: „Es wäre ein großer Irrtum, wenn wir annehmen würden, dass uns solches nie passieren könnte. Sowohl die Heilige Schrift als auch die Erfahrung versichern uns das Gegenteil. ‚Wer also meint, er stehe fest und sicher, der gebe Acht, dass er nicht zu Fall kommt‘ (1 Kor 10,12). (...) stolze Selbstherrlichkeit und Arroganz, Fressgier, Trunkenheit, sexuelle Begierde, Überheblichkeit gegenüber Autoritäten und vor allem die Gefahr, die Herrschaft des Erlösers zu verleugnen – sind das nicht gerade auch die stärksten Versuchungen des geld- und sexbesessenen, materialistischen, antiautoritären Menschen [des 21. Jahrhunderts]?“ (Green, *2 Peter*, 133; Übersetzung Ph. B.)

Für eine etwas ausführlichere Erklärung dieses Kapitels siehe auch: N. T. Wright, *Jakobus, Petrus, Johannes und Judas für heute,* Gießen: Brunnen, 2020, 129–139.

10 Als „einheimisch Fremde“ wachsam das Ende erwarten

2. Petrus 3,1-18

EINSTIEG
(15–20 Minuten)
Wählen Sie bitte eine oder zwei Fragen aus.

1. Wann haben Sie das letzte Mal so richtig lange auf etwas oder jemanden gewartet? Beschreiben Sie Ihre Gefühle dabei.

2. Kennen Sie einen sehr geduldigen Menschen? Woran zeigt sich dessen Geduld?

3. Haben Sie schon einmal eine Sache sehr bewusst hinausgezögert? Erläutern Sie die Gründe dafür.

BIBELTEXT

Auch wenn manche es nicht wahrhaben wollen: Christus wird wiederkommen

[1] Dies ist nun schon der zweite Brief, liebe Freunde, den ich euch schreibe. Es geht mir in diesen Briefen darum, euch Dinge ins Gedächtnis zu rufen, die euch helfen sollen, wachsam zu bleiben und euer Denken durch nichts Böses beeinflussen zu lassen.

[2] Erinnert euch an das, was die heiligen Propheten vorausgesagt haben,
und an die Lehre unseres Herrn und Retters, die euch durch die Apostel, die
Gott zu euch schickte, überbracht wurde. [3] Vor allem müsst ihr wissen, dass in
den Tagen vor dem Ende Spötter auftreten werden, denen nichts heilig ist und
die nur ihren eigenen Begierden folgen. [4] „Wo bleibt denn die Erfüllung sei-
ner Zusage?“, höhnen sie. „Er hat doch versprochen, dass er wiederkommt! Inzwischen sind unsere Väter gestorben, aber geändert hat sich nichts. Alles ist immer noch so, wie es seit der Erschaffung der Welt war.“

[5] Denen, die das behaupten, entgeht freilich, dass es in alter Zeit schon
einmal einen Himmel und eine Erde gab, die auf Gottes Wort hin entstanden
waren (wobei das Land sich aus dem Wasser erhob und das Wasser dem Land
Platz machte). [6] Und es entgeht ihnen, dass diese damalige Welt vernichtet
wurde, und zwar ebenfalls auf Gottes Wort hin und ebenfalls mit Hilfe von
Wasser – dem Wasser der großen Flut. [7] Genauso sind auch der jetzige Him-
mel und die jetzige Erde durch dasselbe göttliche Wort zur Vernichtung bestimmt, allerdings zur Vernichtung durch das Feuer. Sie bleiben nur noch so lange bestehen, bis der Tag des Gerichts da ist und die gottlosen Menschen dem Verderben ausgeliefert werden.

Gottes Hinauszögern als Ausdruck seiner Geduld

8 Eines freilich dürft ihr nicht vergessen, liebe Freunde: Für den Herrn ist ein
Tag wie tausend Jahre, und tausend Jahre sind für ihn wie ein Tag. 9 Es ist also
keineswegs so, dass der Herr die Erfüllung seiner Zusage hinauszögert, wie
einige denken. Was sie für ein Hinauszögern halten, ist in Wirklichkeit ein
Ausdruck seiner Geduld mit euch. Denn er möchte nicht, dass irgendjemand
verloren geht; er möchte vielmehr, dass alle zu ihm umkehren. 10 Trotzdem:
Der Tag des Herrn wird kommen, und er kommt so unerwartet wie ein Dieb.
An jenem Tag wird der Himmel mit gewaltigem Krachen vergehen, die Ge-
stirne werden im Feuer verglühen, und über die Erde und alles, was auf ihr
getan wurde, wird das Urteil gesprochen werden.

Aufforderung zu einem geheiligten Leben angesichts der Erwartung eines neuen Himmels und einer neuen Erde

11 Wenn das alles auf diese Weise vergeht, wie wichtig ist es da, dass ihr ein
durch und durch geheiligtes Leben führt, ein Leben in der Ehrfurcht vor Gott!
12 Wartet auf den großen Tag Gottes; verhaltet euch so, dass er bald anbre-
chen kann! Sein Kommen bedeutet zwar, dass der Himmel in Brand geraten
und vergehen wird und dass die Gestirne im Feuer zerschmelzen. 13 Doch wir
warten auf den neuen Himmel und die neue Erde, die Gott versprochen hat –
die neue Welt, in der Gerechtigkeit regiert.

Abschließender Aufruf zur Standhaftigkeit und Wachsamkeit

14 Weil ihr also auf diese Dinge wartet, liebe Freunde, setzt alles daran, euch
vor dem Herrn als untadelig und ohne Makel zu erweisen, als Menschen, die
Frieden mit ihm haben. 15 Begreift doch: Die Geduld, die unser Herr mit uns
hat, bedeutet unsere Rettung. So hat es euch ja auch unser lieber Bruder
Paulus mit der ihm geschenkten Weisheit geschrieben, 16 und dasselbe sagt
er in allen Briefen, wenn er über diese Dinge spricht. Einiges in seinen Brie-
fen ist allerdings schwer zu verstehen, was dazu führt, dass die Unbelehrba-
ren und Ungefestigten es verdrehen. Aber das tun sie auch mit den übrigen
Heiligen Schriften, und sie tun es zu ihrem eigenen Verderben.

17 Ihr, liebe Freunde, wisst nun schon im Voraus Bescheid. Darum seid auf
der Hut und lasst euch nicht von den irrigen Ansichten jener gewissenlosen
Leute mitreißen; gebt Acht, dass ihr nicht euren festen Stand verliert und zu
Fall kommt! 18 Lasst stattdessen euer Leben immer mehr von der Gnade be-
stimmen und lernt Jesus Christus, unseren Herrn und Retter, immer besser
kennen. Ihm gebührt die Ehre – jetzt, in dieser Zeit, und dann am großen Tag
der Ewigkeit. Amen.

BIBELGESPRÄCH

(30–40 Minuten) Wählen Sie ggf. unter den Fragen aus.

1. Was spricht aus Sicht der falschen Lehrer gegen den Glauben an die Wiederkunft Jesu (V. 3-4)? Worin sieht Petrus allerdings den eigentlichen Grund für ihren Spott?

2. Mit welchen Argumenten verteidigt Petrus die Lehre von der Wiederkunft Jesu (V. 5-8)?

3. Warum zögert Gott das Kommen des „Tages des Herrn“ hinaus (V. 9 und 15 a)? Und was zeigt das über sein Wesen?

4. Welcher Zusammenhang besteht zwischen dem Anbruch von Gottes neuer Welt und der Aufforderung zu einem heiligen Lebensstil (V. 11-14)?

5. Wie beschreibt Petrus das Gericht Gottes über die Welt (V. 10.12 b-13)? Inwiefern wird dabei die alte Schöpfung erneuert? Siehe dazu auch die Erläuterungen.

AUSTAUSCH

(15–30 Minuten) Wählen Sie ggf. unter den Fragen aus. Sie können das Gespräch mit einem gemeinsamen Gebet abschließen.

1. Warum wohl verwendet Petrus so viel Raum, um seinen Lesern ins Gedächtnis zu rufen, dass Jesus wiederkommen wird? Welchen Stellenwert hatte die Wiederkunft Jesu bisher für Ihr persönliches Alltags- und Glaubensleben?

2. Wie geht man als „einheimisch fremder“ Christ am besten mit der Spannung um zwischen der Verheißung des kommenden Endes und dessen bisherigem Ausbleiben?

3. An welchen Stellen würde Ihr Leben anders aussehen, wenn Ihnen bewusster wäre, dass Jesus wiederkommt? Nennen Sie konkrete Ansatzpunkte, um schon jetzt einen Lebensstil einzuüben, der zu Gottes neuer Welt passt.

4. Petrus warnt ausdrücklich vor gefährlichen „Influencern“, die Gottes Wort uminterpretieren, um nicht-gottgefälliges Verhalten zu rechtfertigen. Welche biblischen Aussagen werden heute vielfach „verdreht“? Wie können wir uns als Einzelne und als Gemeinden weise vor dem Einfluss solch falscher Lehren schützen?

1. Denken Sie jeden Tag anhand dieses Abschnitts 5–10 Minuten über die Realität der Wiederkunft Jesu nach. Notieren Sie dabei täglich eine Sache, die sich verändern würde, wenn Sie diese Wahrheit wirklich glaubten.

2. Was möchten Sie nach der Beschäftigung mit 2 Petr 3,1-18 besonders festhalten? Was möchten Sie konkret in die Praxis umsetzen – im Blick auf Ihre Einstellungen, Ihr Denken, Ihre Worte und Ihr Handeln?

____

____

KONKRETE SCHRITTE

Entscheiden Sie, was Sie in der kommenden Woche ganz praktisch tun wollen.

ERLÄUTERUNGEN

Petrus biegt auf die Zielgerade seines zweiten Briefes ein. Auf die harten Worte gegen die falschen Lehrer folgen nun warmherzige Ermutigungen für die Briefempfänger, die Petrus hier gleich viermal beinahe zärtlich als „liebe Freunde" (3,1.8.14.17) anspricht. Beides, die Warnung vor Irrlehre und der anspornende Zuspruch, entspringen der pastoralen Fürsorge (Green, *2 Peter*, 134).

V. 1-2. Das **wiederholte Erinnern** bleibt für Petrus das zentrale Werkzeug, um im Glauben auf Kurs zu bleiben (siehe oben zu 1,12-15). Der unmittelbare Kontext macht klar (vgl. V. 3-4), dass sich die Briefempfänger v. a. eines dringend „ins Gedächtnis rufen" müssen: Jesus wird definitiv wiederkommen! Denn schon im AT wurde das Kommen des Messias und das anschließende Gericht vorausgesagt (vgl. u. a. Dan 7,9-14; Sach 14,3-5; Mal 3,1-5). Die entsprechende Verheißung findet sich dann konkretisiert und ganz unmissverständlich auch im NT (vgl. u. a. Mt 24,29-31; 1 Kor 4,5; 1 Thess 4,14-16; 2 Tim 4,1.8). Allerdings bezieht sich die hier erwähnte „Lehre" (wörtl. „das Gebot") unseres Herrn und der Apostel wohl spezifisch auf den moralischen Standard, im Licht der Wiederkunft Jesu auch entsprechend heilig zu leben – einen Standard, den die falschen Lehrer komplett über Bord geworfen hatten (siehe oben zu 2,10-22).

V. 3-4. Dass in den Tagen zwischen der Auferstehung bzw. Himmelfahrt Jesu und seinem zweiten Kommen **„Spötter" die apostolische Lehre in Misskredit bringen**, sollte keine Überraschung sein (vgl. Mt 24,3-5.11; Apg 20,29-30; 1 Tim 4,1-2 u. a.). Ihr Auftreten ist sogar ein Zeichen für das nahe Ende. Das entbehrt nicht einer gewissen Ironie: Die Leugner der Wiederkunft Jesu sind selbst ein starker Hinweis darauf, dass das zweite Kommen Jesu bevorsteht (vgl. Green, *2 Peter*, 138)!

Hinter der spöttischen Frage **„Wo bleibt denn die Erfüllung seiner Zusage?"** (V. 4 a) verbirgt sich eine scheinbar zwingende Logik: Die bisher ausbleibende Wiederkunft Jesu beweise, dass die entsprechenden Ankündigungen falsch waren und untermauere die These, wonach wir es mit einem gleichbleibend konstanten Weltsystem zu tun hätten, sodass auch in Zukunft nicht mit „weltbewegenden" Veränderungen zu rechnen sei. Petrus blickt hinter diese intellektuell anmutende Fassade und zeigt: Der eigentliche Grund für die Skepsis ist nicht das rationale Abwägen dessen, was für oder gegen den Glauben an die Wiederkunft spricht. Vielmehr folgen die falschen Lehrer „ihren eigenen Begierden" und wenden sich somit instinktiv gegen jede Lehre, die ihre Selbstbestimmung infrage stellt und sie mit göttlichen Verhaltensstandards und der Realität des Gerichts konfrontiert.

V. 5-7. Für Petrus genügt dann bereits ein Blick in die Geschichte, um die Argumentation seiner Gegner als **Holzweg** zu entlarven: Die Spötter wollen nicht wahrhaben, dass **Gott bereits eindrücklich in das „Weltsystem" eingegriffen hat** – als er aus kosmischer Unordnung die Welt erschuf (vgl. 1 Mo 1) und als er die Erde zur Zeit Noahs durch eine Flut zerstörte (vgl. 1 Mo 7). Gott hat immer wieder „durch sein Wort" den scheinbar konstanten Lauf der Dinge verändert. Ein mit der Wiederkunft Jesu verbundenes kosmisches Gerichtshandeln als Möglichkeit auszuschließen ist also nicht plausibel (zur „Vernichtung durch das Feuer“ siehe unten zu V. 11-13).

V. 8. Das bisherige Nicht-Erscheinen Jesu ist auch nur dann ein Problem, wenn man außer Acht lässt, dass **Gott ein anderes „Zeitgefühl“ hat** als wir Menschen. Für ihn sind „tausend Jahre wie ein Tag“ (vgl. Ps 90,4) – was für uns also eine Ewigkeit zu sein scheint, ist aus Gottes Perspektive nur ein zeitlicher Wimpernschlag.

V. 9. Dementsprechend erweist sich für Petrus auch eine weitere Interpretation seiner Widersacher als komplett fehlgeleitet: Das Ausbleiben der Wiederkunft Jesu ist eben nicht – wie die falschen Lehrer offensichtlich behaupteten – Zeichen der Schwäche Gottes oder Beweis seines Desinteresses an den Vorgängen auf der Erde. Ganz im Gegenteil: Das zeitliche „Hinauszögern“ ist nicht Ausdruck der Ohnmacht, sondern **Beweis dafür, wie geduldig Gott ist** (vgl. 2 Mo 34,6; 1 Petr 3,20). Er zögert sein Gerichtshandeln *bewusst* hinaus, weil er durch sein Warten noch die Gelegenheit geben will, sich ihm im Glauben zuzuwenden (vgl. 1 Tim 2,4). Was manche also fälschlicherweise als Argument für die Unglaubwürdigkeit der Verheißungen Gottes betrachten, ist in Wahrheit eine Demonstration seiner Güte, die Menschen zur Umkehr bewegen will (vgl. Röm 2,4).

V. 10. Der **endgültige Tag des Gerichts** wird definitiv kommen. Doch er kündigt sich genauso wenig vorher an wie der nächtliche Einbrecher, der im Schutz der Dunkelheit auf Diebestour geht. Auch Jesus und Paulus machen mit diesem Vergleich deutlich, dass mit dem zweiten Kommen Jesu jederzeit gerechnet werden muss (vgl. Mt 24,42-44; 1 Thess 5,2-3). Christen sollten daher immer in der Erwartung leben, dass die Geschichte der Welt zu einem plötzlichen und „unerwarteten“ Ende kommt. Was dann passieren wird, illustriert Petrus in apokalyptischer Sprache, die das Unbeschreibliche beschreiben soll (Green, *2 Peter*, 150). Inwieweit er dabei ganz wörtlich oder eben bildhaft verstanden werden will, muss offenbleiben (siehe dazu unten zu V. 11-13). Klar ist: Das Universum, wie wir es kennen, wird vergehen und alles menschliche Tun auf der Erde wird offenbart und abschließend von Gott gerichtet (so übersetzt die NGÜ hier wohl zu Recht im Unterschied zu anderen Bibelausgaben).

Aus dem bisher Gesagten leitet Petrus dann in **V. 11-13** und **V. 14** noch einmal explizit den Aufruf zu einem „geheiligten Leben“ ab. Der „Tag des Herrn“ bringt sowohl Zerstörung (V. 11-12) als auch Erneuerung (V. 13). Darin liegt für Petrus eine **doppelte Motivation** für „einheimisch fremde“ Christen: Sie sollten „untadelig“ leben (V. 14), um einerseits zu dokumentieren, dass sie nicht mehr zu der dem Untergang geweihten Welt gehören und um andererseits schon jetzt aktiv einen Lebensstil einzuüben, der zu Gottes neuer Welt passt.

Nicht ganz leicht zu verstehen ist Petrus’ Bemerkung, wonach Gläubige durch ihr Verhalten den Zeitplan Gottes beschleunigen können (V. 12 a). Sicher nicht gemeint ist, dass Gott die Kontrolle über endzeitliche Abläufe in menschliche Hände legt. Petrus will wohl sagen: Wenn ihr als Christen das Evangelium weitergebt, euch durch Gebet und Tat für die Ausbreitung des Reiches Gottes einsetzt und einen sichtbar anderen Lebensstil pflegt, dann wird das eine beschleunigende Wirkung haben – denn es ist ja Gottes ausdrücklicher Wunsch, vor dem Ende noch eine bestimmte Zahl an Menschen zur Umkehr zu bewegen (V. 9; vgl. Mt 24,14; Moo, *2 Peter*, 198).

Mit der Beschreibung der kosmischen Effekte als „Vernichtung durch Feuer“ (im ganzen Abschnitt und auch V. 12 b-13) drückt Petrus wohl nicht aus, dass Gott das alte Universum vollständig zerstören und auslöschen wird. Zu erwarten ist also keine komplette Neuschöpfung oder gar ein rein geistlicher, nicht-materieller Zustand der „Ewigkeit“. Mit dem „neuen Himmel“ und der „neuen Erde“ (vgl. Jes 65,17; 66,22) ist uns vielmehr eine **Erneuerung** und Umgestaltung der gegenwärtigen, materiellen Schöpfung versprochen (vgl. Röm 8,19-22), in der die zerstörerischen Folgen des Sündenfalls (inkl. alles Bösen und aller irdischen Ungerechtigkeiten) rückgängig gemacht sind (vgl. Offb 21,3-4).

In **V. 15-16** kommt noch einmal die **Geduld Gottes** zur Sprache (V. 15 a; siehe bereits oben zu V. 9). Sie bietet aus der Sicht des Petrus wohl in zweifacher Hinsicht eine Gelegenheit zur „Rettung“: Auf der einen Seite ist sie „unsere Chance, am heiligen, gottgefälligen Leben zu arbeiten“ und so nicht den irreführenden Einflüssen der falschen Lehrer zu erliegen. Auf der anderen Seite ist sie aber auch „unsere Chance, das Evangelium in der Welt zu verbreiten“ (Wright, *Petrus*, 147).

In der Folge (V. 15 b-16) verweist Petrus auf die teilweise **schwer verständlichen Briefe des Paulus** – sicher eine Ermutigung für alle, die sich auch schon an biblischen Texten die Zähne ausgebissen haben. Nicht zu verstehen, was ein Text bedeutet, ist also kein größeres Problem. Doch **Aussagen der Heiligen Schrift bewusst zu „verdrehen“**, um den eigenen unmoralischen Lebensstil zu rechtfertigen (wie das die falschen Lehrer im Umfeld der Briefempfänger taten), ist **unentschuldbar**. Ohne konkrete Texte zu nennen, bezieht sich Petrus wohl allgemein auf verzerrte Versionen der Lehre von der Rechtfertigung aus Gnade und der Freiheit vom Gesetz (die Paulus selbst ja schon zu bekämpfen hatte; vgl. Röm 6,1-2 u. a.).

Dass Petrus die Paulusbriefe hier „mit den übrigen Heiligen Schriften“ in Verbindung bringt, ist ein eindeutiges Zeichen: Für ihn gehören sie auf **dasselbe Autoritätslevel** wie das AT.

V. 17-18. Die Schlussverse bringen noch einmal die zentralen Themen des Briefes auf den Punkt: Petrus **warnt** eindringlich vor der **echten Gefahr**, sich durch die „irrigen Ansichten“ moralisch verdorbener „Influencer“ vom stabilen Fundament des Glaubens abbringen zu lassen (V. 17). Und er ermutigt dazu, die **Gnade Gottes** zum entscheidenden Lebensmotor und das **vertiefte Kennenlernen** von Jesus Christus zum überragenden Lebensziel zu machen (V. 18 a). Diese beiden Herzensanliegen von Petrus haben für „einheimisch fremde“ Christen im 21. Jahrhundert nichts von ihrer Relevanz verloren.

Quellennachweise

(*Kurztitel* in Klammern)

Bauckham, Richard, *Jude – 2 Peter*, WBC, Dallas: Nelson, 1983 (Bauckham, *2 Peter*)

Carson, Donald und Douglas Moo, *Einleitung in das Neue Testament*, Gießen: Brunnen, 2010 (Carson/Moo, *Einleitung*)

Chapell, Bryan, *Holiness by Grace: Delighting in the Joy that is Our Strength*, Wheaton: Crossway, 2011 (Chapell, *Holiness by Grace*)

Chester, Tim und Steve Timmis, *Everyday Church: Gospel Communities on Mission*, Wheaton: Crossway, 2012 (Chester/Timmis, *Everyday Church*)

Clowney, Edmund, *The Message of 1 Peter: The Way of the Cross*, The Bible Speaks Today, Leicester: InterVarsity Press, 1994 (Clowney, *1 Peter*)

Goppelt, Leonhard, *Der erste Petrusbrief*, KEKNT, Göttingen: Vandenhoeck & Ruprecht, 1978 (Goppelt, *Petrus*)

Green, Michael, *2 Peter and Jude*, TNTC, Leicester: InterVarsity, 1987 (Green, *2 Peter*)

Jobes, Karen, *1 Peter*, BECNT, Grand Rapids: Baker, 2005 (Jobes, *1 Peter*)

Keller, Timothy, *Gott im Leid begegnen*, Gießen: Brunnen, 2015 (Keller, *Leid*)

McKnight, Scott, *1 Peter*, NIVAC, Grand Rapids: Zondervan, 1996 (McKnight, *1 Peter*)

Moo, Douglas, *2 Peter, Jude*, NIVAC, Grand Rapids: Zondervan, 1996 (Moo, *2 Peter*)

Wright, N. T., *Jakobus, Petrus, Johannes und Judas für heute*, Gießen: Brunnen, 2020 (Wright, *Petrus*)

LEBENDIGE
KLEINGRUPPEN

In der Reihe SERENDIPITY**BIBEL** sind bisher erschienen:

Abraham
ISBN 978-3-7655-0791-5

Josef
ISBN 978-3-7655-0795-3

Exodus – Das 2. Buch Mose
ISBN 978-3-7655-0792-2

David
ISBN 978-3-7655-0796-0

Elia
ISBN 978-3-7655-0798-4

Nehemia
ISBN 978-3-7655-0807-3

Hiob
ISBN 978-3-7655-0797-7

Psalmen**
ISBN 978-3-7655-0809-7

Weisheit der Bibel
Sprüche* und Prediger**
ISBN 978-3-7655-0776-2

Jesaja
Jesaja 1–12
ISBN 978-3-7655-0793-9

Hosea
ISBN 978-3-7655-0775-5

Gottesbegegungen im Alten Testament
ISBN 978-3-7655-0772-4

Frauen im Alten Testament
ISBN 978-3-7655-0777-9

Der verheißene Retter
Jesus durch das Alte Testament kennenlernen
ISBN 978-3-7655-0799-1

Die Ich-bin-Worte*
Jesus über sich selbst
ISBN 978-3-7655-0825-7

Die Gleichnisse
ISBN 978-3-7655-0781-6

Die Bergpredigt*
ISBN 978-3-7655-0827-1

Begegnung mit Jesus*
Stationen seines Wirkens
ISBN 978-3-7655-0821-9

Die Wunder*
ISBN 978-3-7655-0820-2

Das Markusevangelium*
ISBN 978-3-7655-0829-5

Die Apostelgeschichte*
ISBN 978-3-7655-0830-1

Der Brief an die Römer*
ISBN 978-3-7655-0822-6

Der Brief an die Galater
ISBN 978-3-7655-0787-8

Epheserbrief/Philipperbrief*
ISBN 978-3-7655-0823-3

Kolosserbrief/Philemonbrief*
ISBN 978-3-7655-0831-8

Die Briefe an die Thessalonicher*
ISBN 978-3-7655-0832-5

Der Jakobusbrief*
ISBN 978-3-7655-0810-3

Die Offenbarung*
ISBN 978-3-7655-0824-0

Der Heilige Geist*
ISBN 978-3-7655-0828-8

Das Vaterunser
ISBN 978-3-7655-0773-1

Die Ihr-seid-Worte*
ISBN 978-3-7655-0808-0

SERENDIPITY**THEMA**

Gerecht vor Gott*
Schlüsseltexte des Glaubens
ISBN 978-3-7655-0774-8

Wofür Luther kämpfte*
Die Kernthesen der Reformation
ISBN 978-3-7655-0805-9

Der Gott, der uns nah ist*
Mit allen Sinnen Gott begegnen
ISBN 978-3-7655-0806-6

Muslime verstehen*
Wie Begegnung gelingen kann
ISBN 978-3-7655-0817-2

Das Geschenk des Glaubens feiern*
Von Advent bis Ewigkeitssonntag
ISBN 978-3-7655-0818-9

Die mit * gekennzeichneten Hefte verwenden den Bibeltext der „Neuen Genfer Übersetzung" (NGÜ), alle anderen den Text der Übersetzung „Hoffnung für alle";
** Text aus Lutherbibel.